Susanne Brauer (Hg.)

«Alle Religion ist erfahrungsbasiert»

T V Z

Schriften Paulus-Akademie Zürich, Band 10

Susanne Brauer (Hg.)

«Alle Religion ist erfahrungsbasiert»

Im Gespräch mit Hans Joas

EDITION NZN
BEI TVZ
Theologischer Verlag Zürich

Bibliografische Informationen der Deutschen Nationalbibliothek
Die Deutsche Bibliothek verzeichnet diese Publikation in der Deutschen Nationalbibliografie; detaillierte bibliografische Daten sind im Internet über www.dnb.de abrufbar.

Umschlaggestaltung: Simone Ackermann, Zürich
Druck: ROSCH-Buch Druckerei GmbH, Scheßlitz

ISBN 978-3-290-20106-7

www.edition-nzn.ch

Inhaltsverzeichnis

Einführung

«Alle Religion ist erfahrungsbasiert.» Dieses Zitat stammt von Hans Joas und fasst eine der zentralen Thesen seines 2012 erschienen Buches «Glaube als Option. Zukunftsmöglichkeiten des Christentums» zusammen. Dabei gibt es aus Sicht des deutschen Soziologen, der sich in seinem wissenschaftlichen Denken intensiv mit der Entstehung und dem Wandel von Werten befasst, Religion als solche nicht. Vielmehr ist von Religion im Plural zu sprechen, von einzelnen Religionen, die in historisch situierten Überzeugungen und Handlungen einzelner Gläubiger und Religionsgemeinschaften leben (21)[1]. Religionen, mit denen nicht nur Gottesvorstellungen sondern auch Werte wie beispielsweise Menschenwürde, Liebe, Gerechtigkeit oder Gnade verbunden werden, sind damit keine abstrakten Glaubensgebäude. Vielmehr bedürfen sie der lebendigen praktischen Erfahrung, der Rituale und Traditionen, in denen Werte und Ideale sowohl für das Individuum als auch für das Kollektiv erlebbar werden.

Mit dieser Sichtweise knüpft Hans Joas an sein Werk «Die Entstehung der Werte» (1999) an, und nimmt erneut den Faden des amerikanischen Pragmatismus auf. Für diese Denkrichtung bilden Handeln und Erfahrungen von Menschen den Ausgangspunkt normativer Überlegungen. Die Bindung an Werte erfolgt dabei für Hans Joas aus einer soziologisch-psychologischen Perspektive tief emotional über die Erfahrung der Selbsttranszendenz. Darunter ist ein subjektives Erlebnis zu verstehen, nämlich einer Kraft zu begegnen, die einen selbst übersteigt. Während Gläubige überzeugt sind, dass man in einem solchen Erleben einer realen Transzendenz, etwa Gott begegnet, würden Nicht-Gläubige dies bestreiten (153). Jedoch stehen auch Letzteren Weisen der Erfahrungen von Selbsttranszendenz und damit Wertebindungen offen: so zum Beispiel in der erotischen Erfahrung des Verliebens oder in einem ästhetischen Erlebnis des Ergriffenseins durch Musik, aber auch in der negativen Erfahrung von Gewalt

1 Seitenzahlen ohne weitere Nennung beziehen sich auf Hans Joas' Buch *Glaube als Option.* Zukunftsmöglichkeiten des Christentums, Freiburg i. Br. 2012.

und Ohnmacht. Werte, an die man sich in solchen unterschiedlichen Erfahrungskontexten bindet, können dabei durchaus konvergieren. Man denke hier an Werte wie Menschenwürde oder Solidarität, die sowohl im religiösen als auch säkularen Kontext ihren Platz haben. Unabhängig davon, ob es sich um religiöse oder nichtreligiöse Werte handelt, ist für Hans Joas entscheidend, dass eine Bindung an Werte stets individuell und subjektiv erfolgt. Diese Bindung kommt aber nicht primär dadurch zustande, dass der Mensch sich durch rationale Argumente von der Güte eines Wertes überzeugen lässt, sondern indem er gefühlsmässig bewegt und begeistert wird und entsprechend motiviert ist, gemäss dem Wert zu handeln und zu leben.

Diesen Gedankengang greift Hans Joas in «Glaube als Option» auf. Aus soziologischer und historischer Perspektive fragt er, inwiefern heute (und auch in Zukunft) Religionen einen Ort der Selbsttranszendenz und damit Wertbindung bieten können. Die Gegenwart unserer Gesellschaft sieht er geprägt durch Bedingungen der Kontingenz: Gläubig zu sein, d. h. die Gewissheit zu haben, dass es Gott gibt, und in ihn sein Vertrauen zu setzen, ist heutzutage keine Notwendigkeit mehr, sondern ein Option neben weiteren: eben nicht an Gott zu glauben, oder einer anderen Religion anzugehören. Kontingent ist dabei der Glaube nicht im Sinne einer Beliebigkeit oder Zufälligkeit, als wäre er auswechselbar wie ein Paar Schuhe. Die Wertbindung, die der Einzelne erlebt, bleibt für diesen weiterhin selbstevident und eine Gewissheit. Kontingenz bezeichnet vielmehr die Erweiterung von Handlungsmöglichkeiten, insofern verschiedene Religionen als auch ein Atheismus als überzeugende Werthaltung gesellschaftlich akzeptabel sind.

In dieser Pluralisierung und Säkularisierung sieht Hans Joas nicht die Gefahr eines Moralverfalls, sondern steht ihr aus folgender Überlegung durchaus positiv gegenüber. In der Auseinandersetzung mit dem, was einem fremd ist, erfährt man zum einen etwas über sich selbst und was die eigene Werthaltung oder Religion spezifisch ausmacht. Dadurch kann auch ein Gefühl der Wertintensivierung ausgelöst werden. Zum anderen kann im Dialog ein Verständnis für die Geschichte und Deutungen der anderen Werttraditionen entstehen und Gemeinsamkeiten aufgedeckt werden, die zu einer Wertegeneralisierung führen können. Eine solche Verallgemeinerung von Werten auf einer höheren Abstraktionsstufe ist jedoch nicht als ein Minimalkonsens verschiedener Parteien oder als ein kleinster gemeinsamer Nenner aufzufassen, der die Fülle der einzelnen Wertetraditionen auszublenden versucht. Gerade die Kenntnis der verschiedenen Traditionen und Deutungsgeschichten, die zu der Bindung an bestimmte Werte dazugehören, ist für das Verständnis *geteilter* universaler Werte entscheidend.

Mit diesen einleitenden Bemerkungen ist grob der theoretische Rahmen skizziert, in dem die in diesem Sammelband präsentierten Beiträge platziert sind. Alle Beiträge greifen Gedankengänge aus Hans Joas' Buch «Glaube als Option» auf und entwickeln diese aus der jeweiligen Fach- oder Berufsperspektive weiter. Das Anliegen der Publikation ist dabei, sowohl aus der Sicht verschiedener Wissenschaftsdisziplinen Hans Joas' Thesen zu diskutieren, als auch religions- und kirchenpraktische Sichtweisen zu Wort kommen zu lassen und damit auch nach der praktischen Relevanz von Hans Joas' historisch-soziologischen Beobachtungen und Deutungen zu fragen. Der Sammelband stellt dabei eine Fortsetzung der Gespräche zwischen den Autorinnen und Autoren und Hans Joas dar, die an einer Tagung der Paulus-Akademie Zürich am 6. Februar 2014 intensiv geführt wurden. Der Dialogcharakter wird im vorliegenden Band beibehalten, insofern er mit einer Replik von Hans Joas auf die einzelnen Beiträge schliesst. Eröffnet wird der Band mit Beiträgen «Aus religionspraktischer Sicht». Generalvikar Josef Annen und die evangelisch-reformierte Gemeindepfarrerin Esther Straub, beide aus Zürich, werfen einen differenzierten Blick einerseits auf das in der eigenen Biografie erfahrene kirchliche Milieu und die eigene religiöse Sozialisation, andererseits auf die heutige Stellung der Kirchen und ihren Umgang mit politischen Gesellschaftsfragen. Im zweiten Teil «Aus politik- und religionswissenschaftlicher Sicht» beleuchtet der Politikwissenschaftler und Zeithistoriker Antonius Liedhegener aus Luzern unter anderem das heutige Verhältnis von Religion und Staat in der Schweiz und versucht eine Übertragung empirischer Beobachtungen auf John Rawls' philosophischer Theorie des politischen Liberalismus. Die Religionswissenschaftlerin und Ethnologin Eva Baumann-Neuhaus aus St. Gallen schildert im Anschluss eindrücklich die wachsenden Tendenzen der Pfingstbewegung und deren Einzug in Europa über Migrationsströme. Im dritten Teil «Aus theologischer Sicht» stellt der evangelische Theologe und Ethiker Christoph Ammann aus Zürich kritische Fragen zum heutigen Primat der individuellen Autonomie und macht sich für eine Etablierung des Liebesethos in ethischen Überlegungen stark. Der evangelische Theologe Georg Pfleiderer aus Basel setzt sich unter anderem mit der Kulturbedeutung des Christentums und Hans Joas' Thesen zur Moderne auseinander. Einen ähnlichen Faden greift auch der katholische Theologe Hanspeter Schmitt aus Chur auf und beleuchtet die wechselseitige Dynamik zwischen der geschichtlichen Entwicklung von Moral und Religion.

Die erwähnte Tagung fand im Rahmen des Netzwerkes OIKOSNET Europe statt und wurde – wie auch die vorliegende Publikation – durch die SIGTUNA Stiftung aus Schweden finanziell unterstützt, der an dieser Stelle zu danken ist.

Ein Dank gebührt ebenfalls der Katholischen Kirche im Kanton Zürich für die freundliche finanzielle Unterstützung dieser Bandes.

Zürich, im Januar 2015 Susanne Brauer

I Aus religionspraktischer Sicht

«Die Zukunft des Christentums»

Kommentar zu Kapitel neun aus religionspraktischer Sicht

Josef Annen

Vorbemerkung

Bevor ich aus religionspraktischer Sicht meinen Kommentar zu den Thesen von Hans Joas zur «Zukunft des Christentums» (Kapitel neun) formuliere,[1] möchte ich seine Ausführungen zum Säkularisierungsbegriff an meiner eigenen Biografie kurz verifizieren.

Ich bin in einem katholischen Milieu in den fünfziger und sechziger Jahren des letzten Jahrhunderts aufgewachsen, habe diese geschlossene Welt als beheimatend und bergend erlebt. Nicht zuletzt waren die guten Erfahrungen mit Glaube und Kirche, die ich in Familie und Pfarrei machen durfte, Grund für meinen Entschluss, Theologie zu studieren und Priester zu werden.

Freilich war dieses schützende katholische Milieu gleichzeitig auch ein kontrollierendes und enges.

Ein Beispiel: Als Gymnasiast hatte ich mich über eine Predigt eines Kapuzinerpaters in meiner Dorfkirche so aufgeregt, dass ich einen kritischen Leserbrief zur Predigt für die Dorfzeitung geschrieben habe. Doch der Artikel ist nie erschienen. Erst viel später, anlässlich meiner Primiz, hat mir der Pfarrer gesagt: «Weisst du, damals, als du die Kapuzinerpredigt so vernichtend kommentiert hattest, kam der Redaktor der Zeitung zu mir, und wir beide – der Pfarrer und der Redaktor – haben beschlossen, der Leserbrief wird nicht veröffentlicht».

Säkularisierung hiess für mich zu dieser Zeit: Es gibt nebst dem christlich-kirchlichen Glaubenswissen noch ganz andere Weltauffassungen, die nichts mit Gott zu tun haben. Sie begegneten mir in der Literatur, Kunst, Philosophie oder in politischen Meinungen.

Was das näherhin bedeutet, habe ich in meinen ersten Priesterjahren in Winterthur erfahren. Ich lebte nun in der so genannten Diaspora, nicht mehr im

1 Ich beziehe mich auf Hans Joas, *Glaube als Option.* Zukunftsmöglichkeiten des Christentums, Freiburg i. Br. 2012, 185–200.

katholischen Milieu der Innerschweiz. Als katholische Kirche bildeten wir eine Minderheit, aber eine lebendige und weiterhin tragende.

Wiederum ein Beispiel: Ich unterrichtete katholische Religion an den Gymnasien in Winterthur. Der reformierte Pfarrer war mit seinen Lektionen im Stundenplan integriert. Ich als katholischer Religionslehrer durfte Randzeiten benutzen, morgens früh, über den Mittag, abends nach der Schule. Um die Schulräume musste ich mich selbst kümmern, sie wurden mir nicht zugewiesen wie dem reformierten Pfarrer.

Doch nicht wenige katholische Schüler und Schülerinnen kamen freiwillig zum katholischen Religionsunterricht, oft motiviert durch ein katholisch geprägtes Elternhaus. Die katholische Welt war angefochten, aber immer noch recht tragend.

Zehn Jahre später, Ende der achtziger Jahre, kehrte ich als Pfarrer in dieselbe Winterthurer Pfarrei zurück. Innerhalb dieser Zeit hatte sich die katholische Welt dort nochmals stark verändert. Familien, die ich vor zehn Jahren regelmässig im Sonntagsgottesdienst getroffen hatte, sagten mir nun: «Wissen Sie, wir sind jetzt freier geworden, wir bleiben wohl katholisch, aber dazu müssen wir sonntags nicht zur Kirche.» Andere, die noch vor zehn Jahren tragende Aufgaben innerhalb der Kirchgemeinde innehatten, sagten: «Wir sind aus der Kirche ausgetreten.» Das katholische Milieu hatte sich endgültig aufgelöst.

Meine Frage als Pfarrer war nun: Wie auf diese neue Herausforderung reagieren? Christliches Leben, Leben mit der katholischen Kirche heisst Entscheidung und ist letztlich eine Sache der Berufung. Es geht darum, in der Fülle der Lebensmöglichkeiten den christlichen Glauben und das Leben mit der Kirche als Chance für ein gelingendes und erfülltes Leben zu entdecken. Wir sind Christen und gehören der Pfarrei an, weil dieses Leben uns Perspektiven eröffnet, uns weitet und offen macht, uns Sinn und Orientierung gibt. Ein neues Pfarreibewusstsein und eine neue Pfarreigemeinschaft ist herangewachsen. Sie ermutigt mich bis heute, Glaube als Option zu begreifen.

Hans Joas fasst seine Ausführungen zur Zukunft des Christentums unter den drei Stichworten zusammen: überkonfessionell christliches Milieu, implizite Religion und Globalisierung des Christentums. Zu allen drei Stichworten mein Kommentar aus praktisch-theologischer Sicht. Ich beschränke mich dabei auf meine Wahrnehmung von Kirche als Generalvikar der katholischen Kirche in den Kantonen Zürich und Glarus.

1 Das überkonfessionell christliche Milieu drängt zu mutigen neuen Schritten in der ökumenischen Zusammenarbeit

Gestatten Sie, dass ich auch hier mit einem Beispiel beginne. Es war im Juni 2013. Reformierte Pfarrer, katholische Priester und ein orthodoxer Geistlicher laden zur Ökumenischen Tischgemeinschaft nach Gfenn bei Dübendorf ein. Die Initianten melden ihr Vorhaben dem Ökumenischen Patriarchen von Konstantinopel, Papst Franziskus in Rom und dem Erzbischof von Canterbury. Die «Ökumenische Reformation» ist angebrochen, hiess die Schlagzeile. Radio, Fernsehen, Presse berichten über das bevorstehende Ereignis. Als Generalvikar beziehe ich Stellung und sage: «Interzelebration und Interkommunion bedeuten für die katholische Kirche: Die christlichen Kirchen sind sich in Bezug auf Glaubensbekenntnis, Sakramente und die Ämterfragen einig und können folglich gemeinsam Eucharistie feiern. Wir sind aber nicht so weit. Nur eine begrenzte eucharistische Gastfreundschaft ist möglich.» Ein Sturm der Entrüstung geht durch den Pressewald.

Welche Schlüsse ziehe ich aus diesem Ereignis? Mir ist mit der Initiative Ökumenische Tischgemeinschaft erneut sehr deutlich geworden, wie dringend weitere ökumenische Schritte sind. Zwar tun wir als reformierte und katholische Christen im Kanton Zürich schon vieles gemeinsam, besonders auf dem Gebiet der Diakonie, aber auch auf vielen weiteren Gebieten. Ökumenische Bahnhof- und Flughafenseelsorge, Gemeinsame Beratungsstellen für Ehe und Partnerschaft, gemeinsame Angebote für Lehrlinge, um nur einige zu nennen. Aber es sind darüber hinaus auch weitere Schritte in der eucharistischen Gastfreundschaft nötig. Weit mehr als die Hälfte der Ehen im Kanton Zürich sind konfessionell gemischte Ehen. Weitaus die meisten Kinder und Jugendlichen wachsen heute in einem kirchlichen Zwischenraum auf, zwischen der reformierten und katholischen Kirche. Dass Interzelebration und Interkommunion zur Zeit nicht möglich sind, kann ich den Leuten noch einigermassen verständlich machen. Aber es gelingt mir nicht, deutlich zu machen, warum Ehepaare aus konfessionsverbindenden Ehen nicht an der Eucharistie bzw. am Abendmahl der Schwesterkirche teilnehmen können. Die eucharistische Gastfreundschaft wird zwar in der Praxis weitgehend gelebt, aber die offizielle Kirche und besonders unsere Bischöfe vertreten immer noch eine lediglich sehr eingrenzte eucharistische Gastfreundschaft. Für mich gilt diesbezüglich, was der Ökumenebrief von Weihbischof Peter Henrici und dem verstorbenen Kirchenratspräsidenten Ruedi Reich schon Ende der neunziger Jahre formuliert haben:

> «In manchen Gemeinden beider Konfessionen wird schon heute als Vorwegnahme dieser Einheit eucharistische Gastfreundschaft geübt. Sinn

dieser Gastfreundschaft kann es nicht sein, dass Menschen unvorbereitet am Mahl teilnehmen. Vielmehr soll das Gewissen jedes und jeder Einzelnen respektiert werden, damit sie nach redlicher Selbstprüfung im Sinne ihrer Konfession am Mahl teilnehmen.»

Hinter diese Position können wir als katholische Kirche im Kanton Zürich nicht zurück. Längst wächst in unseren Gebieten ein überkonfessionell christliches Milieu heran, besonders im Bereich der konfessionell gemischten Ehen und Partnerschaften. Dieses Milieu will auch aus der Gemeinschaft mit Christus in Abendmahl und Eucharistie leben. Durch das Band der Taufe sind alle Glieder der einen Kirche Jesu Christi. Diese Einheit darf am Tisch des Herrn nicht weiterhin zu getrennten Wegen führen.

2 Implizite Religion

Als Pfarrer habe ich erlebt, wie in der Pfarrei aktive junge Frauen mir etwas beschämt erzählt haben: «Wir feiern Walpurgisnacht.» «Interessant», habe ich geantwortet, «die Walpurgisnacht geht zurück auf die Heilige Walburga. Sie hat im 8. Jahrhundert in England gelebt.» Die Frauen haben sich in der Folge intensiv mit dem Brauchtum der Walpurgisnacht auseinandergesetzt und schliesslich in einer Mainacht auch um ein Feuer im Wald ihren Tanz aufgeführt.

Warum erzähle ich das? Hans Joas schreibt: Die implizite Religion kann «auch als eine Vielfalt von Anknüpfungspunkten für die Kirchen wahrgenommen werden, die durchaus Chancen und spirituelle Herausforderungen darstellen» (S. 199). Dem kann ich nur zustimmen. In unserer katholischen Kirche gibt es nach wie vor eine starke Tendenz, Säkularisierung als Gefahr und religionsfeindliche Entwicklung zu begreifen und damit alles abzuwehren, was irgendwie mit ausserkirchlicher spiritueller Suche und Praxis zu tun hat. Dass es nichts wahrhaft Menschliches gibt, das nicht auch in den Herzen der Jünger Christi seinen Widerhall fände, wie das Vatikanum II formuliert (vgl. Die Kirche in der Welt von heute, GS 1), ist in breiten Kreisen unserer Kirche noch längst nicht eingeholt. Im Gegenteil: In den vergangenen 50 Jahren hat sich in unserer Deutschschweizer Kirche ein gewisser Rationalismus eingeschlichen, der religiösem Brauchtum gegenüber eher auf Distanz geht. Dabei bietet unser Kirchenjahr eine Fülle von religiösem Brauchtum an, zu dem es Sorge zu tragen gilt. Es ist zumindest seltsam, wenn unsere eigenen Leute Weihrauch und Rauchpfännchen in Esoterik-Läden kaufen und der Meinung sind, etwas ganz Neues entdeckt zu haben.

3 Globalisierung des Christentums

Rund ein Drittel der Katholiken und Katholikinnen im Kanton Zürich sind nicht deutsch-, sondern anderssprachig. Sie kommen nach Zürich, weil sie hier Arbeit und Einkommen finden. So zählen wir heute 21 anderssprachige Missionen und Pfarreien. Wer einmal die englisch- oder spanischsprachige Mission oder die französischsprachige Pfarrei besucht, stellt fest: Das Christentum aus Afrika, Asien, Südamerika ist bei uns angekommen. Die katholische Kirche, die sich seit 150 Jahren in Zürich wieder sammelt, war immer eine Migrantenkirche. Kamen bis vor Kurzem die Einwanderer vor allem aus Europa, so ist heute das weltweite Christentum bei uns angekommen. Das ist Bereicherung und Herausforderung zugleich.

Bereicherung ist es, weil die Migranten intensives religiöses Leben nach Zürich bringen, wo die ansässigen Schweizer Katholiken und Katholikinnen manchmal in einem eher müden Christentum stagnieren.

Die Herausforderungen sind zahlreich. Sie reichen von Spannungen rund um Ansprüche auf Versammlungsräume und Gottesdienstzeiten bis hin zur Frage, was unter Integration der Anderssprachigen in die deutschsprachigen Pfarreien zu verstehen ist. Unser Konzept zur Migrantenpastoral sagt: Heute geht es darum, den Parallelismus von deutschsprachigen Pfarreien und Missionen zu überwinden und vor Ort eine Pastoral zu entwickeln, wo die deutsch- und anderssprachige Bevölkerung gemeinsam an einer katholischen Gemeinschaft aus vielen Sprachen und Kulturen baut. Integration ist zum einen ein gegenseitiger Vorgang, zum andern geht es mehr um die strukturelle Integration als um die kulturelle. Strukturell kann vieles gemeinsam erfolgen (z. B. gemeinsamer Religionsunterricht in den Schulen, gemeinsame Sakramentenvorbereitung in den Pfarreien, Zusammenlegung von Sekretariaten und Verwaltungen, Finanzierung). Die anderssprachigen Missionen haben aber ein Recht auf eine religiöse und kulturelle Identität.

Die vielfältigen Herausforderungen durch die Globalisierung des Christentums rufen nach Dialog: Zwischen den christlichen Konfessionen und den anderen Religionsgemeinschaften.

Auch dazu zum Schluss noch ein Beispiel: Die Stadt Zürich hat vor zwei Jahren im Stadthaus die Ausstellung «Ein Stück Himmel auf Erden»[2] organisiert. Dabei haben sich die 16 Ostkirchen vorgestellt, die in Zürich ansässig sind. Mittlerweile versuchen wir als katholische Kirche, alle Ostkirchen aus byzanti-

2 Dokumentiert und erzählt in Peter Wittwer, *Ein Stück Himmel auf Erden*. Ostkirchen in Zürich, mit Fotografien von Vera Markus, Zürich 2011.

nischer und altorientalischer Tradition miteinander um einen Tisch zu versammeln und den Dialog zu fördern. Das ist nicht ganz einfach. Aber am Dialog führt kein Weg vorbei.

Leben in kontingenter Gewissheit

Esther Straub

1 Ein Blick aus der kirchlichen Praxis

«Ein Blick aus der Praxis»: So lautet die Aufgabe für diesen Artikel. Aus einer kirchlichen, lokal verankerten Innenperspektive gilt es, die über den Glauben angestellten soziohistorischen und religionssoziologischen Überlegungen zu überprüfen.

Ich knüpfe an die prägnante Wendung von Hans Joas an, dass wir «in kontingenter Gewissheit»[1] leben. Sie bringt das Selbstverständnis des Glaubens auf den Punkt: Als reformierte Christin stelle ich fest, dass sich meine Glaubensgewissheit von der Einsicht in die Kontingenz ihrer Entstehung nicht erschüttern lässt, herausgefordert vom Pluralismus religiöser Optionen und von der Option, gar nicht zu glauben, ist sie dennoch.

Wie stellt sich die Glaubensgemeinschaft, zu der ich gehöre und in der ich als Pfarrerin tätig bin, dieser Herausforderung? Wie gestaltet sie das ökumenische Gespräch mit anderen Konfessionen, bei welcher Gelegenheit tritt sie in einen interreligiösen Dialog mit anderen Religionsgemeinschaften, und wie kommuniziert sie mit Menschen, die nicht glauben?

Schlaglichtartig soll der Blick aus der lokalen kirchlichen Praxis diese drei Ebenen des Dialogs beleuchten und dabei auf die Diskussionen der Tagung rückblickend Bezug nehmen.

2 Das ökumenische Gespräch

Religionen seien mehr als logisch konsistente Systeme von Sätzen – so lautet eine These des Buchs von Joas –, sie beruhten auf intensiven Erfahrungen, die

1 Hans Joas, *Glaube als Option*. Zukunftsmöglichkeiten des Christentums, Freiburg i. Br. 2013, 148.

sich in Geschichten und Mythen Ausdruck verschaffen, und sie ermöglichten die Teilhabe an Ritualen, die selbst wieder Quellen von Erfahrungen seien. All diese Erfahrungen, Symbolisierungen und Narrationen würden sich nicht auf Formeln reduzieren lassen.[2]

Am 4. Februar 2014 hat das Schweizerische Pastoralsoziologische Institut SPI die Ergebnisse einer Umfrage an der katholischen Basis publiziert.[3] Diese bestätigen die bereits bekannte Differenz zwischen der Lebenswelt der meisten Katholikinnen und Katholiken und den kirchlichen Lehren. Gleichzeitig wurde festgestellt, dass die Kirchenbasis trotz ihrer Kritik an der Lehrmeinung grossen Wert auf die Rolle des Glaubens in der Familie und der Kindererziehung legt. Ähnliche Umfragen zeigen, dass auch die reformierte Kirchenbasis auf Distanz steht zu ihrer eigenen Glaubenstradition und sich wenig mit ihr auseinandersetzt, was in einer bekenntnisfreien Kirche allerdings kaum zu Konflikten führt.

Die Entstehung eines neuen überkonfessionell-christlichen lebensweltlichen Milieus, wie es Joas skizziert,[4] ist vor diesem Hintergrund plausibel. Interkonfessionelle Ehen und Familien führen gewissermassen zu einer vortheologischen Ökumene, die die Kirchenleitungen herausfordert. Die Annäherung oder Durchdringung der Konfessionen muss jedoch auch theologisch erarbeitet werden.

Ich finde es spannend zu sehen, dass diejenigen interkonfessionellen Paare, die ein kirchliches Trauritual überhaupt suchen – das ist heute eine Minderheit – und einen ökumenischen Gottesdienst wünschen, im vorbereitenden Gespräch engagiert und ernsthaft über das unterschiedliche Eheverständnis ihrer Konfessionen diskutieren und Überlegungen anstellen, wie das Ritual vonstatten gehen bzw. in welcher Deutung es vollzogen werden soll. Symbolisierungen werden in solchen Gesprächen auf einen theologischen Diskurs zurückbezogen, der sie interpretiert. Das Vorhandensein eines überkonfessionell-christlichen lebensweltlichen Milieus ersetzt nicht die theologische Arbeit im ökumenischen Gespräch. Doch damit dieses Gespräch überhaupt auf einer verlässlichen Grundlage erfolgen kann, sind mutige Schritte nötig, wie sie Generalvikar Josef Annen betont hat,[5] mutige Schritte, die Gemeinschaft in Abendmahl und Eucharistie trotz theologischer Differenzen zu ermöglichen.[6]

2 Joas, *Glaube* (wie Anm. 1) 151.

3 Online unter: www.bischoefe.ch/dokumente/communiques/umfrage-zur-familienpastoral-ergebnisse.

4 Joas, *Glaube* (wie Anm. 1) 105.

5 Siehe den Beitrag von Josef Annen in diesem Band.

6 Zum Gespräch mit enthusiastischen christlichen Strömungen, die in die Schweiz migrieren, lässt sich Analoges sagen. Zu den Herausforderungen dieses Gesprächs hat Frau Baumann klare Ausführungen gemacht (Siehe den Beitrag von Eva Baumann-Neuhaus in diesem Band).

Wenn allerdings wie in Gfenn zur Demonstration ökumenischer Tischgemeinschaft acht Priester und Pfarrer miteinander das Herrenmahl interzelebrieren,[7] ist dies aus reformierter Sicht ein höchst fragwürdiges Zeichen, signalisiert dieses doch, dass die ökumenische Tischgemeinschaft mit dem Ausschluss zelebrierender Frauen verbunden ist.

3 Der interreligiöse Dialog

Im Unterschied zu ökumenischen Begegnungen und Veranstaltungen, die an der Kirchenbasis fest institutionalisiert sind und rege durchgeführt werden, finden interreligiöse Begegnungen an der Basis der Religionsgemeinschaften nur selten statt. Unsere reformierte Gemeinde zum Beispiel führt regelmässig gemeinsame Anlässe und Feiern mit der katholischen Pfarrei und mit der serbisch-orthodoxen Gemeinde durch, pflegt aber keinen Kontakt zur islamischen Gemeinde im Quartier. Der interreligiöse Dialog wird hauptsächlich auf einer übergeordneten Ebene geführt, in Zürich vom Interreligiösen Runden Tisch des Kantons, vom Verein des Zürcher Forums der Religionen und vom Bildungsinstitut Zürcher Lehrhaus. In diesen Institutionen vernetzen sich die Religionsgemeinschaften, organisieren ihr gemeinsames Gegenüber zum Staat oder führen – in Zusammenarbeit mit lokalen Religionsgemeinschaften – Bildungs- und Begegnungsangebote für am interreligiösen Dialog Interessierte durch.

Die Stadt Zürich hat das Zürcher Forum der Religionen 1997 initiiert, die städtische und die kantonale Integrationsförderung tragen heute den Verein mit. Die Stadt unterstützt auch das Zürcher Lehrhaus. Der Standpunkt von Antonius Liedhegener, dass weniger die Konzentration auf den interreligiösen Dialog als die Sicherung der Religionsfreiheit politisch und gesellschaftlich zielführend ist,[8] lenkt den Blick über dieses staatliche Engagement für den interreligiösen Dialog hinaus und wirft die Frage auf, ob die Religionsfreiheit als Grundrecht in den politischen Debatten respektiert oder an den Rand gedrängt wird.

Ein aktuelles Beispiel dafür, wie Religionsfreiheit bei uns beurteilt wird, findet sich in der Wahlplattform *smartvote*, die aufgrund eines zu beantwortenden Fragenkatalogs politische Profile, so genannte Spider, von für politische Ämter

7 Abendmahlsfeier vom 29. Juni 2013 in der Lazariterkirche in Gfenn, Dübendorf, gefeiert nach der Lima-Liturgie. Den Gottesdienst interzelebrierten acht Männer. Die ökumenische Tischgemeinschaft Symbolon hatte ursprünglich eine konfessionsübergreifende Eucharistiefeier mit drei reformierten Pfarrern, einem orthodoxen sowie zwei katholischen Priestern geplant, ebenfalls ohne Beteiligung einer Pfarrerin.

8 Siehe den Beitrag von Antonius Liedhegener in diesem Band.

Kandidierenden erstellt. In ihrem Fragenkatalog führt *smartvote* unter anderem die Frage auf, ob die Schule Dispense aus religiösen Gründen erteilen soll oder nicht. Die Antwort, dass Schuldispense aus religiösen Gründen nicht erlaubt werden sollten, wird in der Auswertung als liberal gewertet. Die Antwort, Schuldispense sollten erteilt werden dürfen, als nicht liberal.

4 Die Kommunikation mit Religionslosen

Die von Joas skizzierte Erkenntnis, dass Religionslosigkeit weder notwendig mit Modernisierung verknüpft ist noch auf der anderen Seite mit Moralverlust einhergeht, ermöglicht ein Gespräch auf Augenhöhe zwischen religiösen und nichtreligiösen Menschen: Weder muss sich der Glaube vorwerfen lassen, von gestern zu sein, noch der Unglaube, den sozialen Zusammenhalt aufs Spiel zu setzen.

Dieses Gespräch, so stelle ich fest, findet auf institutioneller Ebene kaum statt, was damit zusammenhängt, dass Institutionen, die sich aufgrund der Areligiosität ihrer Mitglieder konstituieren – so etwa die Freidenkervereinigung –, gerade nicht dazu bereit sind, mit Religionsgemeinschaften auf Augenhöhe zu debattieren, sondern diese diskreditieren. Allerdings ergibt sich das Gespräch zwischen Religiösen und Religionslosen im kirchlichen Kontext immer häufiger. So stehen Pfarrpersonen an Abdankungsfeiern oder Hochzeiten einer wachsenden Zahl nichtreligiöser Zuhörender gegenüber, oder Eltern, die sich vom Glauben distanziert haben, schicken ihre Kinder in den kirchlichen Unterricht. In solchen Begegnungen gilt es für Pfarrpersonen, an Erfahrungen des Gegenübers anzuknüpfen und Glaubensinhalte in allgemein verständlicher Sprache zu kommunizieren.

Debatten über Religion und Religionslosigkeit finden allerdings überwiegend in wissenschaftlichen, religionsphilosophischen Diskursen statt. Die Kirchenbasis weicht solchen Diskussionen eher aus, und die Kirchenfernen scheinen kein Bedürfnis zu haben, sich mit religiösen Bekenntnissen auseinanderzusetzen.[9] Religion wird denn auch von beiden Seiten gerne als Privatsache verstanden und aus der Öffentlichkeit gedrängt bzw. gar nicht erst in sie hineingetragen.

Dem widerspricht der Auftrag, den sich die reformierte Kirche des Kantons Zürich in ihrer Kirchenordnung selbstbewusst gibt, nämlich sich ins gesellschaftspolitische Geschehen einzumischen und im «prophetischen Wächteramt»

9 Diese Beobachtung deckt sich mit der Erfahrung von Hans Joas, dass die Feuilletons der Tageszeitungen sein Buch «Glaube als Option» nicht besprachen.

Verantwortung wahrzunehmen.[10] Als Pfeiler des moralischen und rechtlichen Universalismus – so lautet eine These zu Beginn des Buches von Joas – hätten die Kirchen in der Frontstellung gegen den nationalistischen und rassistischen Antiuniversalismus denn auch einiges zu sagen und zu erzählen,[11] und dies gerade dann, wenn sie bereit sind, ihr Wortbekenntnis auf gesellschaftspolitische Prozesse auszurichten.[12]

Selbstkritisch gilt es jedoch festzustellen, dass Kirchenmitglieder die Appelle ihrer Kirchenleitungen mehrheitlich ignorieren. Willy Spieler hat in der Zeitschrift *Neue Wege* den politischen Einfluss von Kirchenleitungen in der Schweiz anhand zweier Themenkomplexe analysiert:[13] die Auseinandersetzung mit xenophoben Tendenzen, von der Asylpolitik bis zum Minarettverbot, sowie diejenige mit friedenspolitischen Vorlagen. Die Analyse zeigt, dass Abstimmungsparolen und gemeinsame Stellungnahmen der Schweizerischen Bischofskonferenz und des Schweizerischen Evangelischen Kirchenbundes oder der Kantonalkirchen an der Kirchenbasis nicht gehört werden und die Kirchen den politischen Mainstream nicht wenden können. Bei der Minarettinitiative zeigten die Abstimmungsergebnisse, dass die Initiative umso deutlicher verworfen wurde, je säkularer die Wählerschaft war, hingegen wurde sie umso deutlicher angenommen, je «christlicher» die Wählerschaft war. Die nichtreligiösen Milieus stimmten weit mehr mit den Positionen der Kirchenleitungen überein als die kirchennahen Milieus.

Die wichtigste Front der Auseinandersetzung in moralischen und politischen Fragen verlaufe heute nicht zwischen Gläubigen und Ungläubigen, sondern zwischen Universalisten und Antiuniversalisten, lautet eine These des Buchs von Hans Joas, gleichzeitig sieht Joas jedoch «in der Botschaft des Evangeliums die stärkste ‹Imagination› des Universalismus»[14].

10 *Kirchenordnung der Evangelisch-reformierten Landeskirche des Kantons Zürich* (17. März 2009), LS 181.10, 4. Artikel: «Die Kirche lebt aus dem befreienden Zuspruch Gottes. Aus ihm leitet sie ihre Verantwortung in der Gesellschaft ab. Die Landeskirche nimmt das prophetische Wächteramt wahr. In der Ausrichtung aller Lebensbereiche am Evangelium tritt sie ein für die Würde des Menschen, die Ehrfurcht vor dem Leben und die Bewahrung der Schöpfung.»

11 Joas, *Glaube* (wie Anm. 1) 64.

12 Siehe den Beitrag von Eva Baumann-Neuhaus in diesem Band.

13 Willy Spieler, *Zum Einfluss der Kirchen auf die Politik*, in: Neue Wege. Beiträge zu Religion und Sozialismus, 108. (2014) H.1, 18–25.

14 Joas, *Glaube* (wie Anm. 1) 64. Vgl. den Schlusssatz des Buches (a. a. O., 225): «Konflikt oder Dialog der Religionen, die neue Europäisierung des Christentums, eine Überwindung alter Frontstellungen zwischen Gläubigen und Ungläubigen zugunsten einer Frontstellung von Universalisten aller Art gegen die (nationalistischen oder rassistischen) Gegner des Universalismus:

Was läuft falsch in der Verkündigung dieser Botschaft, wenn ein grosser Teil der Kirchenbasis sich in der nationalistischen und rassistischen Gegnerschaft des Universalismus wiederfindet?

Von den Kirchenleitungen wäre zu erwarten, dass sie angesichts dieses Scheiterns umso deutlicher Position beziehen und nicht verstummen – aus Angst, ihre Kirchenbasis zu verärgern und Mitglieder zum Austritt zu bewegen, oder aus Angst, in der Folge wichtigere Abstimmungen zu verlieren, bei denen ihre finanziellen Ressourcen zur Debatte stehen.[15]

Der etwas zahme Nachsatz im 4. Artikel der reformierten Kirchenordnung mag ein Indiz dafür sein, dass die gesetzgebende Mehrheit der Kirche in der Ausübung des prophetischen Wächteramtes Zurückhaltung übt.

Fürchten müssten sich die Kirchen eher davor, ihren Positionsbezug zu wenig deutlich zu machen, denn die entscheidende Dimension für die Erklärung von Säkularisierungsprozessen – so lautet die These von Hans Joas – ist die Haltung der Kirchen zu zentralen Fragen wie der nationalen oder der sozialen. Die Geschichte der Säkularisierung ist «immer auch eine Geschichte der Schuld und der verweigerten Verantwortung von Christen».[16]

das scheint mit die Lage zu beschreiben, in der der Glaube heute eine lebendige Option sein könnte».

15 Während der Schweizerische Evangelische Kirchenbund 2013 gegen die Asylgesetzrevision prompt und deutlich Stellung bezog, schwieg die Zürcher Landeskirche und schielte auf die Abstimmung im Mai des Folgejahrs.

16 Joas, *Glaube* (wie Anm. 1) 85.

II Aus politik- und religionswissenschaftlicher Sicht

Religiöse Vielfalt und gesellschaftlicher Pluralismus

Politikwissenschaftliche Überlegungen zu ihrer Thematisierung in Hans Joas' «Glaube als Option»

Antonius Liedhegener

Meine Überlegungen zu dem im vorliegenden Band diskutierten Buch «Glaube als Option» behandeln im Kern das siebte Kapitel des jüngsten Buches von Hans Joas. Es wäre aber zu kurz gegriffen, die Auseinandersetzung auf dieses Kapitel begrenzen zu wollen. Hans Joas greift die Frage der politischen Gestaltung des Verhältnisses von Religion und gesellschaftlicher Vielfalt in seinem Buch immer wieder und an unterschiedlichen Stellen auf. Und dies geschieht zu Recht, denn es ist vor allen Dingen die Rückkehr der Religion in den Bereich der Politik, die der Frage nach dem gesellschaftlichen Ort von Religion in der Gegenwart ihre neue Dringlichkeit verleiht.[1] In diesem Sinne ist «Glaube als Option» auch und nicht zuletzt ein politisches Buch.

In der Politikwissenschaft sind es derzeit fünf grundlegende, relativ eigenständige Problemkreise, die das Spannungsfeld von Politik und Religion zu einer eminenten Aufgabe sozialwissenschaftlichen Nachdenkens und Forschens machen. Lebhaft diskutiert werden der Zusammenhang von Religion und Gewalt, das Verhältnis von Staat und Kirche bzw. Religionsgemeinschaften, die Macht und der Einfluss von Religionen in politischen Entscheidungsprozessen, die staatliche Regulierung von Religion durch Religionspolitik und schliesslich die Rolle von Religion für unsere Zivilgesellschaften und für den sozialen Zusammenhalt.[2] In «Glaube als Option» werden insbesondere der Zusammenhang von

1 Vgl. Alois Müller, *Ist der freiheitliche Staat auf vorpolitische Ressourcen des Religiösen angewiesen und welcher Platz soll den Religionsgesellschaften im öffentlichen Raum zukommen?*, in: René Pahud De Mortagnes/Erwin Tanner (Hg.), *Kooperation zwischen Staat und Religionsgemeinschaften nach schweizerischem Recht* (= Freiburger Veröffentlichungen zum Religionsrecht, Nr. 15) Basel/Genf 2005, 35–89, bes. 41.

2 Vgl. Antonius Liedhegener, *Politik und Religion in der Vergleichenden Politikwissenschaft*, in: Hans-Joachim Lauth/Marianne Kneuer/Gert Pickel (Hg.), *Handbuch Vergleichende Politikwissenschaft* (i. V.).

religiöser Vielfalt und gesellschaftlichem Zusammenleben (149–163)[3] und die Frage von Religion und Gewalt erörtert (164–184). Als Politikwissenschaftler, der im Rahmen des Zentrums für Religion, Wirtschaft und Politik (ZRWP) an der Universität Luzern vor allem den empirischen Zusammenhang von Religion und Politik in liberalen Demokratien erforscht, richte ich den Fokus meiner Überlegungen im Folgenden auf unsere eigenen, westlichen Demokratien und Gesellschaften. Für sie hat derzeit das Thema von religiöser Vielfalt und gesellschaftlichem Pluralismus eine grosse Dringlichkeit.

Mein Beitrag geht in zwei Schritten vor. Zunächst werden die Argumente des Buches rekapituliert. Unterstrichen wird, dass Religion und dem Dialog der Religionen eine zentrale Rolle für die Frage der Integration differenzierter, sich anhaltend modernisierender Gesellschaften zukommt (1.). Im zweiten Schritt führe ich vier Überlegungen an, die darauf hinauslaufen, die im ersten Abschnitt dargelegten Einsichten in einen stärker systemischen Kontext zu stellen, um die Aufgaben und Handlungsmöglichkeiten der Politik angesichts einer zunehmenden weltanschaulichen und religiösen Vielfalt genauer in den Blick zu bekommen. Dazu greife ich auf aktuelle Befunde der empirischen Politikwissenschaft zurück (2.). Am Schluss steht ein knappes Fazit, das Eckpunkte für eine politische Behandlung von Religion in freiheitlichen Demokratien benennt (3.).

1 Die Optionalität von Glaube und ihre Bedeutung und Konsequenzen für die Politik bei Hans Joas

Welche Bedeutung weist «Glaube als Option» dem religiösen Wandel für das Zusammenleben moderner Gesellschaften zu, und welche Konsequenzen zieht das Buch für die politische Gestaltung von religiöser Vielfalt?

Zunächst einmal ist es wichtig zu sehen, in welchem allgemeinen sozialtheoretischen Kontext diese Doppelfrage bei Hans Joas steht. Unsere Gegenwartsgesellschaften sind durch die Erfahrung der zunehmenden Kontingenz der individuellen Erfahrungen, Lebensentwürfe und Lebensstile bestimmt. Mit Kontingenz meint Hans Joas im Anschluss an einen in den Sozialwissenschaften weit verbreiteten Begriff all jenes, «was weder notwendig noch unmöglich ist, was also ist, aber nicht sein muss» (122). Mit der Steigerung von Kontingenz, wie sie in westlichen Gesellschaften seit geraumer Zeit zu beobachten ist, geht die «Zunahme der Optionen unseres Handelns» (121) einher. Joas führt aus: «Diese

3 Alle Seitenzahlen im Fliesstext stehen für Belege aus Hans Joas, *Glaube als Option*. Zukunftsmöglichkeiten des Christentums, Freiburg i. Br. 2012.

Zunahme der Optionen lässt sich schnell veranschaulichen, wenn wir an die heutigen Möglichkeiten der Partnerwahl oder der Konfrontation mit einer Pluralität von Religionen, Weltanschauungen und Lebensformen denken.» (ebd.) Das Zitat macht deutlich, dass Kontingenz also keineswegs ein bloss blasser, rein theoretischer Begriff ist. Die Zunahme der Optionen im Handeln ist vielmehr für die allermeisten Menschen in Europa eine alltäglich erfahrbare Realität. Zwar ist die Erfahrung von Kontingenz grundsätzlich ein zentraler Bestandteil der anthropologischen Verfasstheit unserer menschlichen Existenz, aber Art und Umfang der Kontingenzerfahrungen in den entwickelten Gesellschaften der Gegenwart dürften in der Tat ein historisch neues Phänomen sein.

Hans Joas tritt aber ganz zu Recht der Ansicht entgegen, dass die Steigerung von Kontingenz beim Einzelnen automatisch zum Verlust von Bindungen und zur Zunahme von Beliebigkeit führe. Gesteigerte Kontingenz gefährdet als solche die Entstehung von Bindungen gerade nicht. Denn Bindungen sind ebenso nötig wie prägend für alle menschliche Existenz. Kontingenzsteigerung beeinflusst allerdings die Art der Bindungen, die unter diesen Bedingungen überlebens- bzw. tragfähig sind. «Deshalb stellt sich die Frage nach kontingenzangemessenen Formen der Bindung an andere Menschen und an Werte.» (139–140) Diese Frage betrifft natürlich auch Politik, insofern Politik immer auch wertbezogen und wertgebunden ist. Es wird daher einsichtig, dass die Frage der religiösen Vielfalt auch eine Frage der politischen Kultur eines jeweiligen Landes ist. Joas sieht in der gesellschaftlichen Bewertung religiöser Vielfalt das Verbindungsglied zwischen Religion und Politik:

> «Von [...] großer Bedeutung ist aber, ob die vorfindbare Pluralität der Religionsgemeinschaften selbst auch als wertvoll wahrgenommen wird, ob es also eine Bindung an den Wert des Pluralismus gibt.» (39)

Dahinter steht die Annahme, dass es zumindest in den demokratischen Gesellschaften, die uns vertraut sind, in diesem Punkt so etwas wie einen allgemeinen oder doch weitgehenden Konsens der Anerkennung von Pluralismus gibt. Die politischen Konsequenzen, die Hans Joas aus dieser Einschätzung der Gegenwartslage zieht, lautet:

> «Politisch heißt dies, dass Gläubige und Ungläubige auf Dauer miteinander werden leben und einander akzeptieren müssen. [...] Selbst wenn der Anteil der Gläubigen weiter sinkt, werden sie auch in Europa ein beträchtlicher Bevölkerungsanteil bleiben [...] Dann aber muss der demokratische Staat sich auf diese Vielfalt produktiv einstellen, ebenso sollten das alle politischen Akteure tun.» (18)

Dieser im Wesentlichen sozialtheoretisch angelegten Diagnose Joas' zur gegenwärtigen Lage von pluraler Gesellschaft und religiöser Vielfalt stimme ich zu.

Die zunehmende Bedeutung religiöser Vielfalt stellt für freiheitlich-pluralistische Gesellschaften aktuell gleichwohl eine ernst zu nehmende Herausforderung dar. Sie stehen vor der Frage, wie sie ihren politischen Grundkonsens festigen und weiterentwickeln können und wie sie eine klare Grenze zu den extremistischen oder gar gewaltfördernden Potenzialen von Religionen zu ziehen vermögen. Was ist zu tun? Hans Joas empfiehlt in dieser Situation vor allen Dingen den Dialog der Religionen, dessen Parameter und grundlegenden Konstellationen er im siebten Kapitel ausführlicher erläutert. Die theoretische Begründung für diesen Fokus auf den Dialog der Religionen ist im Gesellschaftskonzept von Joas zu suchen. Grundlegend ist für ihn, dass alle Gesellschaften sich auf Wertgeneralisierungen stützen müssen. Gesellschaften sind neben dem schon genannten Konsens und der von ihm im gleichen Atemzug angeführten Empathiefähigkeit ihrer Mitglieder darauf angewiesen, dass verbindende Wertgeneralisierungen gelingen, die die unterschiedlichen Vorlieben, Interessen und Lebenslagen berücksichtigen, überbrücken und zusammenführen. Der gelingende Fall eines Dialogs der Religionen ist eine Variante von Wertgeneralisierungen in Gesellschaften (150). Anders gesagt, im Dialog werden quasi ohne Aufgabe partikularer Traditionen allgemeinere, von allen akzeptierte Werte, Überzeugungen, Richtlinien und Verhaltensnormen als vernünftig und gut für die Gesellschaft befunden, innerlich angenommen, gefestigt und verstärkt – ein höchst voraussetzungsreicher und praktisch anspruchsvoller Prozess, der alle Religionsgemeinschaften und ihre Wahrheitsansprüche fordert. Auch Joas sieht, dass ein solcher interreligiöser Dialog ein «anstrengender, die eigenen Gewissheiten herausfordernder Prozess» (154) ist.

Konkret stellt Joas sich diesen Dialog der Religionen als einen gestuften Prozess mit steigendem Anspruch an die jeweils angestrebte Verständigung vor (155–159). Mit jeder Stufe weitet sich der Dialog der Religionen auf mehr Religionstraditionen und damit auch auf religionsgeschichtlich weiter voneinander entfernte Religionen aus: Für Joas beginnt der Dialog der Religionen mit dem innerchristlichen ökumenischen Dialog, also dem verständigungsorientieren Dialog innerhalb des Christentums. Er weitet sich sodann zum jüdisch-christlichen Dialog. Die dritte Stufe ist dann der abrahamitische Dialog, der die drei grossen Monotheismen, das Judentum, das Christentum und den Islam, ins Gespräch miteinander bringt. Und viertens steht dann der Dialog dieser drei Buchreligionen «mit den Formen süd- und ostasiatischer Religiosität» (158) an. Wichtig ist Joas, dass dieser Dialog der Religionen gesamtgesellschaftlich wie im globalen Massstab geführt werden soll. Dabei gilt es die differenten religiösen Traditionen in ihrer Unterschiedlichkeit ernst zu nehmen und zu bewahren, um sie als solche für universale ethische Normen als Quelle und Motivationskraft zu gewinnen

(162–163). Joas' Ansatz bzw. sein Anliegen setzen also darauf, religiöse Vielfalt und deren Konfliktpotenziale durch einen Dialog der Religionen zu bearbeiten und in eine gemeinwohlförderliche Richtung zu lenken. Ziel und Chance dieses religiösen Dialogs ist die Verständigung einer nicht nur religiös differenten Gesellschaft über ihre Wertgrundlagen und Verhaltensstandards; Dialog und Konsens treten an die Stelle möglicher gewalttätiger Konflikte. Dieses Argument erinnert stark an das von Hans Küng vorgedachte und auch praktisch in Angriff genommene Projekt eines auf die religiösen Traditionen aufbauenden, alle Menschen verbindenden, weil grundsätzlich geteilten «Weltethos».[4]

Joas' Anliegen ist ebenso einsichtig wie im Interesse von Freiheit und friedlichem Zusammenleben wünschenswert. Der Dialog der Religionen ist wichtig, auch politisch. Und er ist in den von Joas beschriebenen Formen bzw. Stufen durchaus eine soziale Realität in Europa wie in Nordamerika, freilich weniger in anderen Teilen unserer von Krisen und Kriegen geplagten Welt. Gleichwohl sind hinsichtlich der mit dem Dialog der Religionen bei Joas verbundenen Hoffnungen und Behauptungen zur Bedeutung solcher Dialoge für die gesellschaftliche Integration aus politikwissenschaftlicher Sicht weitere Überlegungen anzustellen. Diese Ergänzungen führen zu – wie ich meine – nachvollziehbaren Vorbehalten gegenüber einer Privilegierung bzw. exklusiven Inanspruchnahme des Dialogs der Religionen in politischen Kontexten. Dabei ist mir bewusst, dass nicht alles in einem einzigen Buch gesagt werden kann und dass ein Autor nicht für Dinge kritisiert werden kann, zu denen er sich nicht geäussert hat. Es ist aber meines Erachtens legitim und wichtig, im Blick auf ein für unsere Gesellschaften so wichtiges Problem wie den Zusammenhang von Religion und gesellschaftlicher Integration zu durchdenken, ob der nach der Lektüre von «Glaube als Option» für den Leser naheliegende Schluss, dass der Dialog der Religionen für die Lösung dieses Problems steht, angemessen und treffend ist. Damit komme ich zur kritischen Würdigung.

2 Religion und Pluralismus. Eine politikwissenschaftliche Einordnung

Am Anfang meiner Überlegung möchte ich die aus meiner Sicht für unsere Gesellschaften derzeit grundlegende Frage im Umgang mit Religion folgendermassen bestimmen: Wie sollen liberale Demokratien Religion berücksichtigen?

4 Vgl. statt vieler Hans KÜNG, *Wozu Weltethos?*. Religion und Ethik in Zeiten der Globalisierung, Hans Küng im Gespräch mit Jürgen Hoeren, Freiburg i. Br. 2002; DERS. (Hg.), *Dokumentation zum Weltethos*, München 2002.

Diese Frage ist zugegebenermassen weit gestellt. Sie ermöglicht es aber, über die dargelegte Position von «Glaube als Option» hinauszugehen, denn sie rückt Religion und religiöse Vielfalt explizit in den Kontext jenes Typs politischer Herrschaft, der unsere freiheitlichen Gesellschaften politisch ausmacht: die verfassungsstaatliche liberale Demokratie. Aus dieser Perspektive sollen vier Punkte vertieft werden, die teils die Gedanken von «Glaube als Option» zum religiösen Pluralismus weiterführen, teils ergänzen. Es sollte dabei stets in Erinnerung gehalten werden, dass der Autor dieser Zeilen die grundlegenden Aussagen und Anliegen von «Glaube als Option» teilt. Meine vier Punkte sind:

1) Pluralismus muss in modernen Demokratien immer als ein weltanschaulicher Pluralismus gedacht werden. Religiöse Vielfalt ist kein Separatproblem gesellschaftlichen Ausgleichs und gesellschaftlicher Integration, das durch einen speziellen Dialog zwischen den Religionen *politisch* zu lösen wäre.
2) Religion tritt vor allem in Demokratien in Form von Organisationen auf. Das Handeln von kollektiven religiösen Akteuren ist kontingent und in seiner Wirkung potenziell ambivalent.
3) Der Dialog zwischen den Religionen kann im Rahmen pluralistischer Gesellschaften daher ebenfalls ambivalente Folgen zeitigen. Der Dialog zwischen den Religionen kann gesellschaftlich als Problemlöser, aber auch als Problemverstärker wirken. Man sollte ihn daher politisch weder überschätzen noch überfordern.
4) Der politische Umgang mit Religion in verfassungsstaatlichen Demokratien muss auf Grund- und Menschenrechte und einen demokratischen Grundkonsens rückführbar sein, wenn er für religiöse bzw. weltanschauliche Mehrheiten wie Minderheiten akzeptabel sein soll. Dieser politische Rahmen ist theoretisch wie praktisch vorgängig zum und bis zu einem gewissen Grad auch unabhängig vom Dialog der Religionen.

Diese Punkte sind im Folgenden auszuführen und näher zu begründen.

1) Weltanschaulicher Pluralismus ist in westlichen Gesellschaften historisch ein Ergebnis der Säkularisierung von Politik. Auch wenn das naive Verständnis der ursprünglichen soziologischen Säkularisierungstheorie der 1950er und 1960er Jahre, die einen generellen, unaufhaltbaren und mehr oder weniger linearen Niedergang von Religion im Allgemeinen und des Christentums im Besonderen behauptete, sich im Lichte heutiger Erkenntnisse – wie auch Joas zu Recht

immer wieder betont[5] – ganz sicher nicht mehr halten lässt, sollte nicht übersehen werden, wie sehr unsere Gegenwart in wesentlichen Punkten Ergebnis von Säkularisierungsvorgängen ist. So ist die Trennung von Staat und Kirche/Religionen im Rahmen eines weltanschaulich neutralen Verfassungsstaats ein Ergebnis vor allem des 20. Jahrhunderts. Diese Trennung, die empirisch nach Staaten sehr unterschiedliche Formen annehmen kann,[6] steht in freiheitlichen Demokratien im Kontext der Gewährleistung der Glaubens- und Gewissensfreiheit für Individuen wie religiöse bzw. weltanschauliche Gruppen und Organisationen. Im Interesse eines gedeihlichen friedlichen Zusammenlebens einer in sich vielfältigen Gesellschaft ist diese Trennung zwingend.

Abb.: Religiöse Pluralisierung der Schweiz im Spiegel der Religionsstatistik von 1970 bis 2012

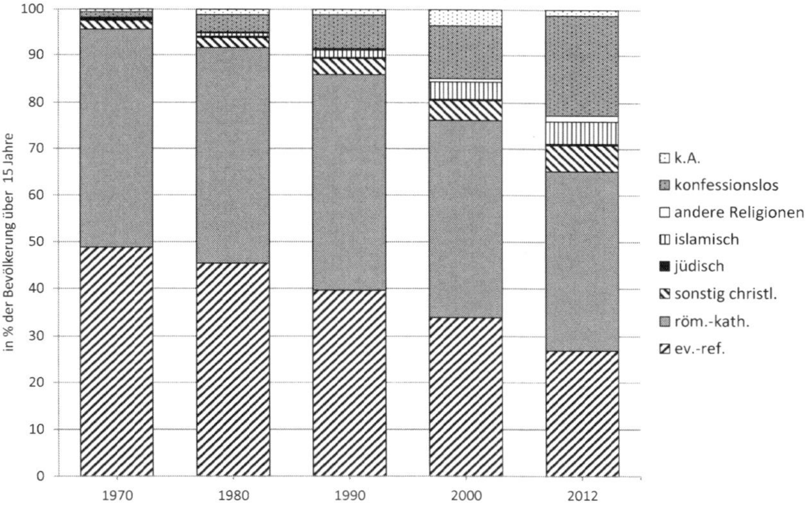

Bemerkung: Angaben für die Bevölkerung der Schweiz über 15 Jahre.
Quelle: Eigene Darstellung nach BfS, Statistik Schweiz – Religionen, online unter: www.bfs.admin.ch/bfs/portal/de/index/themen/01/05/blank/key/religionen.html (19.1.2015).

5 Vgl. Hans Joas, *Gesellschaft, Staat und Religion*. Eine Einleitung, in: ders./Klaus Wiegandt (Hg.), *Säkularisierung und die Weltreligionen*, Frankfurt a. M. 2007, 9–43; ders., *Glaube* (wie Anm. 3) 23–42.

6 Vgl. Gerhard Robbers (Hg.), *Staat und Kirche in der Europäischen Union*, hg. in Zusammenarbeit mit dem European Consortium for State and Church Research, Baden-Baden [2]2005; Jonathan Fox, *An Introduction to Religion and Politics*. Theory and Practice (= Routledge Studies and Politics) Oxon/New York 2013, Introduction; Richard Traunmüller, *Nationale Pfadab-*

Ein Blick etwa in die Schweizer Volkszählungen zeigt beispielhaft, wie die anhaltende Säkularisierung im Sinne einer Entkirchlichung der Alltagsvollzüge und des damit einhergehenden sozialen Bedeutungsverlustes der beiden grossen christlichen Kirchen im Verbund mit der Zuwanderung neuer Religionsgemeinschaften im Verlauf der letzten vierzig Jahre eine qualitativ neue Situation religiös-weltanschaulicher Vielfalt geschaffen hat.[7] Neben dem starken Rückgang der Mitgliedschaft der beiden grossen Kirchen und der Zunahme nicht-christlicher Bekenntnisse und hier insbesondere der muslimischen Minderheit sticht vor allem der wachsende Anteil jener ins Auge, die sich dezidiert keiner Religionsgemeinschaft zuzählen (Abb.). Diese Daten zur Religionszugehörigkeit sind ein wichtiger Indikator für die Zunahme gesellschaftlicher Vielfalt allgemein. Die Veränderung und Pluralisierung der religiösen Landschaft steht im Kontext einer Gesellschaft, in der die Zunahme der Optionen des Handelns auch die Zunahme unterschiedlicher Wert- und Lebensvorstellungen befördert hat, die wir als Individualisierung bezeichnen.

Die Chancen und Herausforderungen religiöser Vielfalt für plurale Gesellschaften sollten in diesem Kontext betrachtet werden. Der Referenzpunkt ist – politisch betrachtet – nicht so sehr das Gespräch der Religionen untereinander, sondern vielmehr der Konsens über die politische Ordnung der Demokratie als Herrschaftsform für ein gelingendes Zusammenleben von Menschen und Gruppen unterschiedlicher Überzeugungen und Lebensentwürfe allgemein. Und dies liegt nicht zuletzt im Interesse der Religionsgemeinschaften selbst, denn in der öffentlichen Wahrnehmung besteht mit zunehmender Säkularisierung die deutliche Neigung, Religion per se als etwas Separates, etwas Problematisches, als etwas nicht ganz Normales abzustempeln und ins rein Private abzuschieben. Bei einer solchen Sicht von Religion besteht die grosse Gefahr, dass eine Gesellschaft sich durch die Forderung nach einem separaten «Dialog der Religionen» der Zumutung zu entledigen sucht, sich über die konsensualen Grundlagen gesellschaftlicher Vielfalt und damit den Wert des Pluralismus im Sinne einer gesamtgesellschaftlichen Wertgeneralisierung stets neu Rechenschaft zu geben.

hängigkeit oder internationale Konvergenz?. Eine quantitativ-vergleichende Analyse religionspolitischer Entwicklungen in 31 europäischen Demokratien 1990–2011, in: Zeitschrift für Politik 61 (2014) H.2, 161–181.

7 Vgl. allgemein zur grundlegenden Bedeutung von Säkularisierungsprozessen Hans Joas/Klaus Wiegandt (Hg.), *Säkularisierung und die Weltreligionen*, Frankfurt a. M. 2007; Karl Gabriel/Christel Gärtner/Detlef Pollack (Hg.), *Umstrittene Säkularisierung*. Soziologische und historische Analysen zur Differenzierung von Religion und Politik, Berlin 2012.

2) Pluralismus ist ein normativer Begriff und definiert ein Ideal freiheitlicher Gesellschaften. Religionsfreiheit bedeutet vor allem, dass der oder die Einzelne frei ist, Religion (bzw. eine Weltanschauung) zu wählen oder dies eben auch nicht zu tun. De facto bezieht sich diese Wahl in aller Regel aber auf bestimmte religiöse Traditionen und deren Vergemeinschaftungsformen. Diese sind in pluralistischen Gesellschaften organisationsförmig verfasst. Politik in Demokratien wird durch konkurrierende kollektive Akteure wie soziale Bewegungen, Interessengruppen und Parteien gestaltet. Und in diesen Bereich des politischen Wettbewerbs tritt auch Religion ein, wenn sie politisiert wird bzw. selbst politische Interessen welcher Art auch immer verfolgt. Religionsgemeinschaften werden politisch betrachtet dann ebenfalls zu kollektiven Akteuren mit je eigenen Interessen. Im Zuge des politischen Wettbewerbs folgen sie dann auch der politischen Binnenlogik von Mitgliedschaft, Macht und Repräsentation in und durch Organisationen.[8] Innerhalb der Institutionenordnung einer Demokratie ist das grundsätzlich durchaus ein legitimer Vorgang im Rahmen der ja gewollten Vertretung partikulärer Interessen im Wettbewerb politischer Ideen und Problemlösungsvorschläge.[9] Praktisch stellt sich dabei für Religionsgemeinschaften allerdings eine Reihe diffiziler Fragen, die hier aber nicht zu behandeln sind. Wichtig ist hingegen folgender grundsätzlicher Gedanke: Theoretisch betrachtet ist die Rolle von Religionen und Weltanschauungen im Kontext eines jeden politischen Systems ambivalent. Es kann weder als ausgemacht gelten, dass kollektive religiöse Akteure sich politisch konstruktiv und gemeinwohlförderlich verhalten, noch dass sie per se eine Quelle von scharfen Konflikten oder gar politischer Gewalt sind. Beides ist möglich – auch in Demokratien.

Um zu demonstrieren, welche Energie von der Politisierung von Religion und Weltanschauungen grundsätzlich ausgehen kann, seien einige Beispiele aufgerufen. Zu erinnern ist an den Abstimmungskampf zur Anti-Minarettbau-Initiative in der Schweiz 2009 und die damit einhergehende Polarisierung.[10] Und quer durch Westeuropa sind heute grosse Mehrheiten der Bevölkerung der Meinung, dass die freie Religionsausübung für muslimische Einwohner einzuschränken

8 Vgl. Heidrun Abromeit, *Sind die Kirchen Interessenverbände?*, in: dies./Göttrik Wewer (Hg.), *Die Kirche und die Politik*. Beiträge zu einem ungeklärten Verhältnis, Opladen 1989, 244–260; Ulrich Willems, *Kirchen*, in: ders./Thomas von Winter (Hg.), *Interessenverbände in Deutschland*, Wiesbaden 2007, 316–340.

9 Vgl. Alfred Stepan, *Religion, Democracy, and the «Twin Tolerations»*, in: Journal of Democracy 11 (2000) 37–57.

10 Adrian Vatter (Hg.), *Vom Schächt- zum Minarettverbot*. Religiöse Minderheiten in der direkten Demokratie, Zürich 2011.

sei.[11] Gleichzeitig ist eine Radikalisierung von Teilen muslimischer Gemeinschaften seit geraumer Zeit in vielen Ländern Europas zu beobachten. Diese muslimischen Gruppen stellen sich zunehmend bewusst ausserhalb der demokratischen Ordnung und weisen zum Teil ein erschreckendes Mass nicht nur an Gewaltbereitschaft, sondern auch Gewalttätigkeit auf. Wie weit der Prozess der Radikalisierung im Einzelfall führt, zeigen die blutigen Anschläge des islamischen Terrorismus in Europa in der letzten Zeit.

3) Aus dem bisher Gesagten ergibt sich die Frage, wie man mit religiöser Vielfalt und der zunehmenden Zahl unterschiedlichster Religionsgemeinschaften politisch umgehen kann bzw. sollte. Dieser Frage gilt es zunächst für den von Joas favorisierten interreligiösen Dialog zu verfolgen. Meine These ist, dass der interreligiöse Dialog in der gegenwärtigen Situation nur begrenzt Wirkung zeigen wird. Auch im interreligiösen Dialog handeln vielfach kollektive Akteure und deren Repräsentanten. Damit teilt der interreligiöse Dialog grundsätzlich jene Ambivalenzen von Religion, die für die politische Ebene hervorgehoben wurden. Theoretisch wie praktisch lassen sich vom interreligiösen Dialog integrative wie desintegrative Ergebnisse erwarten. Für eine integrative Wirkung sprechen neben der Chance auf Wertgeneralisierung auch dessen mögliche positive Folgen für die Zivilgesellschaft. Der Dialog kann die Zivilgesellschaft stärken, indem er in der Begegnung Fremdheitserfahrungen und wechselseitiges Misstrauen abbaut. Es reden Menschen miteinander, die sonst nicht miteinander geredet haben, und das ist ein Beitrag zur gesellschaftlichen Stabilität und zum Zusammenhalt. Man kann aber auch die gegenteilige These vertreten, dass gerade der interreligiöse Dialog – so gut er gemeint sein mag – sein gesellschaftspolitisches Ziel verfehlt, weil er partikulare religiöse Identitäten immer wieder verstärkt, sie damit perpetuiert und exklusive soziale Grenzziehungen befördert. Denn in jeder Situation, in der ein Einzelner oder eine Gruppe vor anderen erklärt, was man selbst glaubt und warum man daran glauben muss, wird das Ansinnen bestärkt, im Gespräch mit anderen Religionen Recht zu behalten.

11 Vgl. Gert Pickel, *Religiöser Wandel als Herausforderung an die deutsche politische Kultur – Religiöse Pluralisierung und Säkularisierung als Auslöser einer (neuen) Religionspolitik?*, in: Zeitschrift für Politik 61 (2014) H.2, 136–159; Alexander Yendell, *Muslime unerwünscht?*. Zur Akzeptanz des Islam und dessen Angehörigen. Ein Vergleich zwischen Ost und Westdeutschland, in: Gert Pickel/Oliver Hidalgo (Hg.), *Religion und Politik im vereinigten Deutschland.* Was bleibt von der Rückkehr des Religiösen? (= Politik und Religion) Wiesbaden 2013, 221–248; Detlef Pollack u. a., *Grenzen der Toleranz.* Wahrnehmung und Akzeptanz religiöser Vielfalt in Europa (= Veröffentlichungen der Sektion Religionssoziologie der Deutschen Gesellschaft für Soziologie) Wiesbaden 2014.

Was wissen wir über die praktischen Erfahrungen mit interreligiösen Dialogen? Zunächst einmal ist wie schon eingangs festzustellen, dass er seit geraumer Zeit praktiziert wird. Und auf keinen Fall überwiegen aktuell die möglichen negativen Effekte. Es fällt aber auf, dass die allermeisten Religionsgemeinschaften diese Art des Dialogs gleichwohl nicht unter politischem Vorzeichen oder gar politisch bestimmt führen wollen.[12] Man betont stattdessen den genuin religiösen Charakter der Gespräche. Explizit oder implizit werden damit die zivilgesellschaftliche Dimension und mögliche positive politische Effekte abgeschwächt oder zurückgewiesen – vielleicht auch aus der Einsicht, wie voraussetzungsreich ein solcher Dialog rein theologisch ist. Hätte man im Gefolge der Reformation politisch auf dem Dialog der neu entstandenen christlichen Konfessionen als Mittel oder gar Voraussetzung der gesellschaftlichen Verständigung beharrt, wäre die Befriedung religiöser Vielfalt in Europa wohl noch später erfolgt, als dies faktisch mit dem Westfälischen Frieden schon der Fall war. Der nach wie vor unabgegoltene ökumenische Dialog, der im historischen Massstab seit Mitte des 20. Jahrhunderts sicherlich grosse Fortschritte erzielt hat, belegt, wie langsam sich schon innerhalb des Christentums die unterschiedlichen religiösen Traditionen aufeinander einlassen. Die vielleicht bislang grössten Dialogfortschritte wurden in der zweiten Hälfte des 20. Jahrhunderts im christlich-jüdischen Dialog erzielt, indem – zunächst nach 1945 nur von einigen wenigen vorbereitet – ab den 1960er Jahren jedem Antijudaismus und jedem Antisemitismus auch theologisch der Boden entzogen wurde.[13] Wie sieht es mit dem abrahamitischen Dialog aus? Es ist erkennbar, dass auch er in unseren westlichen Breiten durchaus ein Element der zivilgesellschaftlichen Realität darstellt. Es ist aber bezeichnend, dass in diesem abrahamitischen Dialog, der vielfach dezentral geführt wird, religiöse Wahrheitsansprüche und Glaubenserfahrungen eher selten thematisiert werden. Das jedenfalls zeigen empirische Studien zum Dialog zwischen den Kirchen, jüdischen Gemeinschaften und Moscheegemeinden vor Ort.[14] Thematisiert werden stattdessen meist generellere gesellschaftliche Belange, politische

12 Vgl. pointiert die Rede des damaligen Vorsitzenden der Deutschen Bischofskonferenz Karl Kardinal LEHMANN, *Chancen und Grenzen des Dialogs zwischen den ‹abrahamitischen Religionen›*. Vortrag beim St. Michael-Jahresempfang des Kommissariates der deutschen Bischöfe am 19. September 2006 in der Katholischen Akademie in Berlin, online unter: www.bistummainz.de/bistum/bistum/kardinal/texte/texte_2006/index.html (15.7.2014).

13 Vgl. Matthew D. HOCKENOS, *Die Kirchen nach 1945*. Religiöse Abbrüche, Umbrüche und Kontinuitäten, in: Manfred GAILUS/Armin NOLZEN (Hg.), *Zerstrittene «Volksgemeinschaft»*. Glaube, Konfession und Religion im Nationalsozialismus, Göttingen 2011, 287–309.

14 Vgl. Eva Maria HINTERHUBER, *Abrahamischer Trialog und Zivilgesellschaft*. Eine Untersuchung zum sozialintegrativen Potenzial des Dialogs zwischen Juden, Christen und Muslimen (= Maecenata Schriften, Bd. 4) Stuttgart 2009.

Fragen und vor allem Alltagsprobleme der jeweiligen Gemeinschaften und ihrer Mitglieder. Das bedeutet allerdings nichts anderes, als dass die Akteure des Dialogs sich lieber auf ein Feld begeben, wo die gegenseitige Verständigung leichter zu erreichen ist. Das scheint angesichts der religiösen Unterschiede naheliegend, ist menschlich verständlich und entspricht durchaus dem Ideal eines wohlwollenden, zivilgesellschaftlichen Umgangs.[15] Ausserhalb Europas steht der abrahamitische Dialog dagegen für eine ganz andere Sprechsituation bzw. Realität. Im Nahen Osten, der Wiege aller drei grossen Buchreligionen, ist jeder Versuch eines interreligiösen Dialogs integraler Bestandteil einer politisch kaum zu bearbeitenden Geschichte von Konflikt und Krieg. In einem für die allermeisten liberalen Demokratien kaum vorstellbaren Ausmass ist jeder interreligiöse Dialog automatisch Teil der politischen Machtkonstellationen dieser Region, was Ansätze zu interreligiösen Dialogen schnell zu einer anderen Form von Diplomatie und Machtaustragung werden lässt.[16] All das macht ihn nicht weniger wünschenswert, zeigt aber die realen Grenzen und warnt somit nachdrücklich vor zu grossen politischen Erwartungen.

4) Unsere Gegenwartsgesellschaften sind komplexe und hochdifferenzierte Gesellschaften, die ihre je eigenen Modernisierungsgeschichten haben und doch in wesentlichen Strukturen ihrer Subsysteme wie Politik, Wirtschaft, Religion und Kultur und Privatsphäre hohe funktionale Ähnlichkeiten aufweisen. In allen Bereichen sind Fortschritte und Verbesserungen durch eine anhaltende Ausdifferenzierung und Spezialisierung von Aufgaben und Teilbereichen erzielt worden. Damit einher gehen eine Verlängerung der Handlungsketten, eine zunehmende Zahl bereichsbezogener Regelungen sowie problematischer werdende Verantwortungszuschreibungen für den Einzelnen, für Gruppen, soziale Organisationen und politische Akteure. Die klassische Frage der Sozialwissenschaften, was moderne Gesellschaften zusammenhält, ist daher keineswegs trivial oder gar müssig. Sie stellt sich auch im Hinblick auf den hier interessierenden Umgang mit Religion.[17] In meinem letzten Punkt geht es mir um diese Frage. Aus mei-

15 Vgl. DIES., *Soziale Integration statt Verfestigung von Grenzziehungen.* Der zivilgesellschaftliche Dialog zwischen Judentum, Christentum und Islam in Deutschland, in: Gert PICKEL/Oliver HIDALGO (Hg.), *Religion und Politik im vereinigten Deutschland.* Was bleibt von der Rückkehr des Religiösen? (= Politik und Religion) Wiesbaden 2013, 249–269.

16 Vgl. Thomas SCHEFFLER, *Dialog und Dialog, Frieden und Frieden.* Zur Ambivalenz von interreligiösem Dialog und Friedensarbeit im Nahen Osten, in: Manfred BROCKER/Mathias HILDEBRANDT (Hg.), *Friedensstiftende Religionen?.* Religion und die Deeskalation politischer Konflikte (= Politik und Religion) Wiesbaden 2008, 284–298.

17 Vgl. Edmund ARENS u. a. (Hg.), *Integration durch Religion?.* Geschichtliche Befunde, gesellschaftliche Analysen, rechtliche Perspektiven (= Religion – Wirtschaft – Politik, Bd. 10) Baden-

ner Sicht ist es nicht richtig, gesellschaftliche Integration systemtheoretisch wie Niklas Luhmann oder handlungstheoretisch wie Hartmut Esser allein auf die Funktionserfüllung von Teilsystemen gründen zu wollen.[18] Nach wie vor kommt dem politischen System eine herausgehobene Rolle für die soziale und systemische Integration unserer Gesellschaften zu. Die Zugehörigkeit zu einer politischen Ordnung entscheidet nicht nur über Herrschaftsansprüche und politische Teilhabemöglichkeiten, sondern konstituiert durch die Bürgerrolle im weitesten Sinne auch eine politische Gemeinschaft, die wiederum für das Funktionieren und die Stabilität der politischen Institutionenordnung von grosser Bedeutung ist.[19] Vor allem aber sind Wertgeneralisierungen und geteilte Grundüberzeugungen, wie Joas immer wieder hervorhebt, unverzichtbare Voraussetzung und Teil gelingenden Zusammenlebens in pluralistischen Gesellschaften.[20] Alle drei Mechanismen oder Formen von Integration – leistungsfähige Teilsysteme, funktionierende politische Integration und gelingende Wertgeneralisierungen für einen politischen Grundkonsens – sind wichtig und letztlich unverzichtbar für unsere Gegenwartsgesellschaften.[21]

Praktisch wirksam wird dieser Grundkonsens in demokratischen Gesellschaften durch die Institutionalisierung von Grund- und Menschenrechten, die durch die Gewährleistung von individuellen wie kollektiven Freiheiten, politischen Teilhaberechten und sozialen Absicherungen bzw. materiellen Mindestansprüchen die Grundlage für individualisierte und plurale Gesellschaften und ein gedeihliches Zusammenleben in ihnen schaffen. In liberalen Demokratien muss auch der politische Umgang mit Religion auf diese Grund- und Menschenrechte und damit den demokratischen Grundkonsens der Bürgerinnen und Bürger rückführbar sein. Die wechselseitige Anerkennung als gleichwertige und

Baden/Zürich 2014.

18 Vgl. zusammenfassend Uwe Schimank, *Theorien gesellschaftlicher Differenzierung* (= Lehrbuch), Wiesbaden ³2007, 167–177; Hartmut Esser, *Integration, ethnische Vielfalt und moderne Gesellschaft*, in: Johannes Wienand/Christiane Wienand (Hg.), *Die kulturelle Integration Europas*, Wiesbaden 2010, 143–169.

19 Vgl. zu diesem Grundzusammenhang der politischen Kulturforschung Susanne Pickel/Gert Pickel, *Politische Kultur- und Demokratieforschung*. Grundbegriffe, Theorien, Methoden. Eine Einführung, Wiesbaden 2006, bes. 78–100.

20 Vgl. Hans Joas, *Die Sakralität der Person*. Eine neue Genealogie der Menschenrechte, Frankfurt a. M. 2011.

21 Vgl. Antonius Liedhegener, *Religion, Bürgergesellschaft und Pluralismus*. Gesellschaftliche und politische Integration aus der Perspektive demokratischer politischer Systeme, in: Edmund Arens u. a. (Hg.), *Integration durch Religion?*. Geschichtliche Befunde, gesellschaftliche Analysen, rechtliche Perspektiven (= Religion – Wirtschaft – Politik, Bd. 10) Baden-Baden/Zürich 2014, 63–84.

gleichberechtigte Personen im Rahmen der politischen Ordnung schliesst dann die praktische Akzeptanz oder doch zumindest die wohlwollende Toleranz religiöser Unterschiede mit ein. Nur in dieser politischen Gleichheit kann die Religions-, Glaubens- und Gewissensfreiheit politisch so ausgestaltet werden, dass sie für religiöse bzw. weltanschauliche Mehrheiten wie Minderheiten akzeptabel ist. Damit ist über das Verhältnis der religiösen und weltanschaulichen Gruppierungen zueinander im Einzelnen noch keine Aussage getroffen, und es dürfte ein Gebot der Klugheit darstellen, einen Dialog der Religionen, der diesen Grundkonsens befördern hilft und damit zur Wertgeneralisierung einen substanziellen Beitrag leistet, selbstverständlich zu begrüssen und zu unterstützen. Gleichwohl ist es im Sinne dieser in der demokratischen Praxis trotz mancher Deformationen auffindbaren und von John Rawls überzeugend ausformulierten Konzeption einer grundlegenden politischen Gerechtigkeit[22] wichtig zu erkennen, dass dieser politische Rahmen demokratischer politischer Systeme theoretisch wie praktisch vorgängig zu jedem Dialog der Religionen ist und dass dieser – unter der Voraussetzung, dass der Gewaltverzicht der jeweiligen Religionsgemeinschaften grundsätzlich gewahrt wird – sogar unabhängig vom Gelingen oder Misslingen eines solchen Dialogs bestehen kann.

3 Religiöse Vielfalt als soziale Tatsache – Pluralismus als gesellschaftliche und politische Aufgabe. Perspektiven für die Politik

Wie gesehen sind die Folgen der jüngsten Säkularisierung und Pluralisierung für demokratische Gesellschaften potenziell ambivalent. Praktisch ist die moderne Erfahrung von Glauben als einer Option, als einer zumindest dem Grundsatz nach aus freien Stücken zu wählenden Bindung an bestimmte Glaubensinhalte und Glaubensgemeinschaften ein Freiheitsgewinn, den so nur pluralistische Gesellschaften durch ihren politischen Grundkonsens der Menschen- und Grundrechte eröffnen. Problematisch werden Religion und Religionen vor allem dann, wenn sie als eine der mächtigen kollektiven Identitäten politisiert und mobilisiert werden. Politikwissenschaftlich ist die Frage des Umgangs mit religiöser Vielfalt daher Teil der Frage der gesellschaftlichen Integration. Da der interreligiöse Dialog – aus Sicht demokratischer politischer Systeme – nur bedingt und nicht vorrangig für diese Aufgabe tauglich ist bzw. tauglich gemacht werden

22 Vgl. John Rawls, *Gerechtigkeit als Fairneß: politisch und nicht metaphysisch*, in: ders., *Die Idee des politischen Liberalismus.* Aufsätze 1978–1989, hg. von Wilfried Hinsch, Frankfurt a. M. 1992, 255–292.

kann, bleibt die Frage, wie ein produktiver politischer Umgang mit Religion aussieht. In dieser Frage geht mein Vorschlag über den Gedanken von «Glaube als Option» hinaus, das Verhältnis der Religionen untereinander in den Mittelpunkt zu stellen. Denn neben der individuellen und organisatorischen Ebene, die handlungspragmatisch gut zu durchdenken sind und den Dialog der Religionen nahelegen, spielen Institutionenordnungen und systemische Strukturen eine nicht zu unterschätzende Rolle für die Integration moderner Gesellschaften.

Aus einer solchen Perspektive bedeutet ein produktiver Umgang mit religiöser Vielfalt, dass Politik zunächst einmal ganz allgemein die Bürger- bzw. Zivilgesellschaft, die Zivilität im Umgang der Gesellschaftsmitglieder untereinander sowie den Pluralismus und seine gesellschaftliche Anerkennung als Wert ganz generell stärken sollte. Vermieden werden sollte dagegen soweit wie möglich eine aktive Religionspolitik des Staates, d. h. alle Versuche, durch politische Mehrheitsentscheidungen auf Teile des religiösen Felds und einzelne Religionsgemeinschaften durch einzelgesetzliche Entscheidungen regulierend zuzugreifen.[23] Kopftuch- und Burka-Verbote oder Minarettbau-Verbote verstossen gegen den demokratischen Grundkonsens der Religionsfreiheit, jedenfalls dann und solange wie eine militante Aufkündigung des Grundkonsenses durch die betroffenen Personen und Gruppen nicht vorliegt. Positiv gewendet gilt es die individuelle, kollektive und korporative Religionsfreiheit im Rahmen der für alle geltenden politischen Ordnung möglichst freiheitlich, wohlwollend und ohne Ansehen der jeweiligen Überzeugungen der Religions- und Weltanschauungsgemeinschaften auszugestalten. Das setzt voraus, dass politische Entscheidungsträger und staatliche Instanzen Gesprächskanäle zu den diversen Religionsgemeinschaften und ihren Vertretern und Organisationen schaffen und pflegen, um die Befindlichkeiten und Interessen der verschiedenen Bevölkerungskreise zu kennen. Dies dürfte, wie der Fall der Deutschen Islamkonferenz zumindest dem Grundsatz nach zeigt,[24] auch helfen, Wege zu finden, die korporativen Rechte an Religionsgemeinschaften fair und transparent zu vergeben. Gerade in diesem Punkt besteht in vielen christlich geprägten westlichen Demokratien noch Verbesserungsbedarf.[25] Und

23 Vgl. zur aktuellen Lage Frank SCHENKER, *Laizismus- und Säkularismusdebatten in den bundesdeutschen Parteien*, in: Zeitschrift für Politik 61 (2014) H.2, 209–230; Antonius LIEDHEGENER, *Das Feld der «Religionspolitik» – ein explorativer Vergleich der Bundesrepublik Deutschland und der Schweiz seit 1990*, in: Zeitschrift für Politik 61 (2014) H.2, 182–208. Zu den normativen Implikationen Daniel BOGNER/Marianne HEIMBACH-STEINS (Hg.), *Freiheit – Gleichheit – Religion*. Orientierungen moderner Religionspolitik (= Religion und Politik, Bd. 4) Würzburg 2012.

24 Vgl. Gabriele HERMANI, *Die Deutsche Islamkonferenz 2006 bis 2009*. Der Dialogprozess mit den Muslimen in Deutschland im öffentlichen Diskurs, Berlin 2010.

25 Vgl. Veit BADER, *Secularism or Democracy?*. Associational Governance of Religious Diversity (= IMISCOE Research) Amsterdam 2007.

schliesslich gilt es Möglichkeiten zu suchen, Religionen und Weltanschauungsgruppen aktiv am Grundkonsens einer pluralistischen Gesellschaft zu beteiligen, denn die Stabilität und Legitimität einer politischen Ordnung gründet nicht zuletzt in ihrer breiten Verankerung in einer tragfähigen politischen Kultur.

Für die Religionsgemeinschaften ist diese Religionsfreiheit des demokratischen Verfassungsstaats Zumutung und Chance zugleich.[26] Die Zumutung ist, dass man seine eigenen religiösen Wahrheitsansprüche nicht an die staatliche Politik herantragen und von ihr keine autoritative Entscheidung darüber erwarten darf. Die Chance besteht darin, dass dieser weltanschaulich neutrale Staat die freiheitliche Ausübung von Religion in einem historisch einmaligen Mass gewährleisten kann. Aus der Sicht der Politik besteht die Kernaufgabe darin, Religionsfreiheit praktisch werden zu lassen. Und das heisst, Arrangements und Regelungen zu finden, die der veränderten religionssoziologischen Lage in angemessener Art und Weise Rechnung tragen. Denn gerade unter den Bedingungen von «Glaube als Option» sind Religionen und religiöse Gemeinschaften in der Lage, gesamtgesellschaftlich integrierende Wertgeneralisierungen hervorzubringen, denen sich Staat und Politik im Interesse eines zukunftsfähigen Pluralismus demokratischer Gesellschaften nicht verschliessen sollten.

26 Vgl. Heiner Bielefeld, *Muslime im säkularen Rechtsstaat.* Integrationschancen durch Religionsfreiheit (= Global, local Islam) Bielefeld 2003.

Europa bleibt religiös – die Dynamik der Transzendenzerfahrung

Eva Baumann-Neuhaus

Das Buch «Glaube als Option. Zukunftsmöglichkeiten des Christentums» von Hans Joas ist eine kompakte Darstellung des Wandels des Religiösen in Vergangenheit, Gegenwart und Zukunft, das grosse Beachtung verdient. Ich freue mich deshalb ausserordentlich, mich an der Diskussion über Aspekte und Auswirkungen dieses Wandels beteiligen zu können. Im vorliegenden Artikel konzentriere ich mich auf Fragen der (Ent-)Säkularisierung und (Re-)Sakralisierung im Zeitalter der Kontingenz und konzentriere mich dabei auf das Segment der Erfahrungsreligiosität. Während die meisten meiner Beobachtungen und Thesen mit jenen des Buchautors zusammengehen, wage ich eine kulturwissenschaftliche Ausweitung des Religionsbegriffs, der über sein Religionsverständnis hinausgeht. Dieser erlaubt mir nicht nur eine Gegenüberstellung von zwei inhaltlich unterschiedlichen, strukturell aber ähnlichen religiös-spirituellen Phänomenen, sondern ermöglicht auch eine optimistischere Sicht auf Europa, dessen religiös-spirituelle Vitalität in klassischen soziologischen Untersuchungen oft verkannt bleibt. Meine These: Religion ist und bleibt auch in Europa eine starke, prägende und bindende Kraft, deren Spielarten sich aber von den herkömmlichen ablösen.

1 Globalisierung und religiöse Pluralisierung

Die Globalisierung, verbunden mit einem Bedeutungsrückgang der Nationalstaaten und der zunehmenden Aktivität und Wirksamkeit transnationaler Akteure, ist nicht nur ein wirtschaftliches und politisches Phänomen. Die wachsende Mobilität der Menschen und die Beschleunigung der Kommunikation rund um den Erdball führen gerade auf den Ebenen von Kultur und Religion zu immer dichteren Verflechtungen, zu Transformationen und Neubildungen, aber auch zu Pointierungen und Abgrenzungen. Eine Pluralisierung gleichzeitig wirksamer Lebens- und Denkformen ist die Folge, welche in einem Klima von Freiheit, Toleranz und einem wachsenden Bewusstsein für die Welt als eine Ganzheit gedeihen können, die aber immer auch das Potenzial für Konkurrenzen und Konflikte mit sich tragen.

2 Eine veränderte Wahrnehmung von Religion

Oft sind es solche Konkurrenzen und Konflikte, die das Augenmerk auf sich ziehen. Nicht nur die zahlreichen religiös motivierten politischen Aktionen seit dem 11. September 2001, sondern auch das selbstbewusste Auftreten zugewanderter Religionsgemeinschaften in der Öffentlichkeit hat das hiesige Verständnis von Religion in der jüngeren Vergangenheit immer wieder irritiert und dem Religiösen eine neue soziale Sichtbarkeit verliehen. Nicht minder haben aber die skandalträchtigen und spektakulären Ereignisse im Vatikan vom Missbrauchsskandal bis zur Vatileaks-Affäre dazu beigetragen, dass die Frage nach der Bedeutung und Rolle der Religion in der modernen Gesellschaft zurück ins Zentrum des Interesses gerückt ist. Unter dem Aspekt des gesellschaftlichen Zusammenhalts befragen Politikerinnen und Politiker zugewanderte Religionsgemeinschaften auf ihr integrationsförderndes bzw. -hemmendes Potenzial, heimische Religionsgemeinschaften besinnen sich nach dem Scheitern der weltlichen Ideologien neu auf ihre Rolle als Gegenüber des Staates und umgekehrt, die Medien haben das Thema Religion auf ihrer Tagesagenda und in der Wissenschaft ist Religion ein zunehmend gefragter, da gesellschaftsrelevanter Forschungsgegenstand. Religion scheint omnipräsent zu sein. Angesichts dieser Beobachtungen erstaunt es nicht, dass mitunter von einer Rückkehr der Religion(en) die Rede ist und dass das allseits verinnerlichte – auch kirchlicherseits – Säkularisierungsnarrativ, das die Religion(en) als Modernisierungsverliererin(nen) wähnte, an Selbstverständlichkeit eingebüsst hat. Religiöser Pluralismus schafft also nicht nur Konkurrenzen und Konflikte, die den Diskurs über Religion anschwellen lassen. Die Präsenz des «Anderen» erzeugt auch eine neue Eigenwahrnehmung, die durchaus in eine Aufwertung des Religiösen münden kann.

3 Vitale Religion als weltweiter Normalfall

Der wahrgenommene Bedeutungszuwachs bzw. die neue Sichtbarkeit der Religion(en) ist aber nicht bloss ein Artefakt der globalisierten Kommunikation und der neuen Öffentlichkeit, die vor allem Grossereignisse und Katastrophen ins Visier nehmen. Die Religionssoziologie beobachtet schon seit den 1970er

Jahren einen bedeutenden Einfluss der Religion(en), etwa in den USA, wo christlich-religiöse Interessen ihren Niederschlag in der Politik einer der modernsten Gesellschaften der Welt fanden, im Iran, wo die islamische Revolution zu einer religiösen Diktatur führte, in Lateinamerika, wo sich die Befreiungstheologie aktiv für die sozial Benachteiligten engagierte oder in der oppositionellen Jugendkultur des Westens, wo sich mit der Baby-Boomer Generation das New Age auszubreiten begann, aber auch in der Gegenwart, wo neopfingstlerische Bewegungen in Ländern des globalen Südens ein enormes Wachstum erfahren und zu einer gesellschaftlich relevanten Kraft geworden sind. Diese Phänomene werden als Wiederkehr der Religion vor allem vor dem Horizont einer Säkularisierungsthese wahrgenommen, die für die modernen Gesellschaften mit solchen Entwicklungen nicht gerechnet bzw. das Gegenteil prognostiziert hat. Doch der global geweitete Blick macht deutlich, dass Religion im Zusammenspiel mit Modernisierungsprozessen keineswegs einfach ins gesellschaftliche Hintertreffen geraten muss, dass sie durch diese Prozesse ebenso gut einen Aufschwung erfahren bzw. an diesen Prozessen selbst beteiligt sein kann. Ihre Entwicklung folgt keinem determinierten, linear verlaufenden und unumkehrbarem Weg und die Beziehung zwischen gesellschaftlichen und religiösen Entwicklungsprozessen kann ganz unterschiedliche Formen annehmen, ja sogar zu scheinbar unvereinbaren Erscheinungsformen von Religion führen, die neben- und miteinander existieren. In der multiplen Moderne steht die privatisierte Religion neben der öffentlich wirksamen Religion, und ihre Individualisierung und Subjektivierung schliesst ein Erstarken der organisierten Religion nicht aus. Prozesse der Säkularisierung und Entsäkularisierung bzw. (Re-)Sakralisierung können also durchaus gleichzeitig und ineinander verwoben ablaufen. So ist mit der Veränderung der Kommunikationsformen das Private auch öffentlich geworden, und wenn die religiösen Organisationen an Gewicht gewinnen, so behandeln sie ihre Mitglieder doch als individuelle Nachfrager und Nachfragerinnen. Das Nachlassen der kirchlichen Religiosität wird von neuen Formen der Religion begleitet, die zwar nicht mit traditioneller Kirchlichkeit verknüpft sind, die aber auch in die kirchlichen Organisationen eindringen.[1]

Was als Rückkehr der Religion(en) bezeichnet wird, ist also keine eigentliche Wiederkehr der Religion(en) im alten Stil, sondern hat mit einer veränderten Sichtweise der Beobachterinnen und Beobachter zu tun, die dem Wandel der Religion(en) Rechnung tragen und die Vielfalt religiöser Ausdrucks- und

1 Hubert Knoblauch/Andreas Graff, *Spiritualität oder: Wo ist Hape Kerkeling?*, in: Bertelsmann Stiftung (Hg.), *Woran glaubt die Welt?*. Analysen und Kommentare zum Religionsmonitor 2008, Gütersloh 2009.

Wirkformen – die immer schon da waren – auch jenseits des Gehabten und Gewohnten wahrzunehmen vermögen.

4 Europa der Sonderfall?

Auch in Europa, wo die These vom kausalen Zusammenhang von Modernisierungsprozessen und religiösem Niedergang ihre historisch begründete Basis hat, finden sich bei genauerem Hinschauen zahlreiche Hinweise auf eine nach wie vor ausgeprägte und aktive Rolle der Religion – der kirchlichen wie der nicht-kirchlichen. So bieten etwa Polen, Irland und Italien deutliche Beispiele für eine florierende kirchliche Religion, und selbst in den stark säkularisierten Gesellschaften Skandinaviens, wo diese kirchliche Religion nur von einer kleinen Minderheit gepflegt wird, obwohl ein Grossteil der Bevölkerung Mitglied in der Kirche ist, übernimmt diese kirchliche Religion eine Stellvertreter-Rolle für die Gesamtgesellschaft, die gerade in grossen gesellschaftlichen Krisen zum Tragen kommt. In manchen westeuropäischen Ländern zeigt sich dagegen ein Muster, das oft mit der Begrifflichkeit «Believing without Belonging» beschrieben wird. Die Menschen sind zwar nicht einfach areligiös oder säkular, jedoch nicht mehr kirchlich orientiert.[2] Dass die Religion im einen Land innerhalb der Kirchen blüht, im anderen aber daraus abwandert, ist nicht einfach und ausschliesslich mit dem Niveau der Modernisierung, d. h. der sozioökonomischen Entwicklung, der Urbanisierung und der Erziehung erklärbar, sondern auch mit den unterschiedlichen und historisch sich wandelnden Mustern der Verknüpfung bzw. Trennung von religiöser Institution, Staat und Nation.[3] So ist etwa die Bedeutung der Religion dort relativ stark, wo sie eine alternative Struktur neben dem Staat aufweist und intermediäre Institutionen des Vereins- und Verbandslebens weniger stark entwickelt sind. Wo aber die Zivilgesellschaft eine starke Ausprägung erfährt, kommt es zu Konkurrenzen zwischen kirchlichen und zivilgesellschaftlichen Aktivitäten und einer Schwächung der institutionellen Rolle der Religion.[4] Dieser in Europa vorherrschende Trend der Entkirchlichung bzw. des Auseinanderdriftens von institutioneller und individueller Religiosität sieht Casanova darin, dass es dem europäischen Christentum aus vielerlei Gründen nicht gelungen ist, «den historischen Übergang von territorialen Nationalkirchen

2 Grace Davie, *The Sociology of Religion*, Los Angelos 2007.

3 José Casanova, *Die religiöse Lage in Europa*, in Hans Joas/Klaus Wiegandt (Hg.), *Säkularisierung und die Weltreligionen*, Frankfurt a. M. 2007, 331 f.

4 Göran Therborn, *Die Gesellschaften Europas 1945–2000*. Ein soziologischer Vergleich, Frankfurt a. M./New York 2002.

zu miteinander konkurrierenden, auf freiwilliger Mitgliedschaft beruhenden Denominationen in einer Zivilgesellschaft, dem Prototyp modernen ‹Gemeinschaft› zu vollziehen»[5]. Dass die Form kirchlicher Religion dem Verhalten und den Bedürfnissen heutiger Menschen nicht mehr angemessen ist, haben die grossen Kirchen in den letzten Jahren realisiert, und sie reagieren darauf mit einer Lockerung und Vervielfältigung ihrer strukturellen und dogmatischen Festlegungen. Damit nähern sie sich jenen sozial und dogmatisch schwächer organisierten Formen von Religion an, die dort wirksam sind, wo religiöse Dynamik und Aufschwung zu beobachten sind, etwa im Umfeld alternativ-spiritueller oder neopfingstlerischer Bewegungen.[6] Das kann sogar dazuführen, dass auch in einem Umfeld religiöser Distanzierung kirchliches Wachstum möglich ist, wie etwa am Beispiel London deutlich wird.[7]

Doch Religion ist nicht auf herkömmliche, etablierte Formen der Institutionalisierung angewiesen und beschränkt, sie zeigt sich vielmehr wandlungsfähig und in Bewegung. In Europa haben vor allem die in den 1960er Jahren angestossenen Veränderungen nicht nur zu einer Schwächung der institutionalisierten Religion geführt, sondern gleichzeitig auch einen Raum geöffnet für Formen von Religion und Religiosität, die zwar nicht mehr immer und automatisch miteinander vermittelt werden können, deren Sozialformen und Lehrsätze auch nicht mehr die gleiche Verbindlichkeit entwickeln wie einst, die aber den Nährboden bilden, auf der die Religionsgeschichte sich weiterentwickeln kann. Mit anderen Worten, auch unter den Bedingungen der strukturellen Individualisierung der Gesellschaft ist vitale Religion – in den und ausserhalb der kirchlichen Organisationen – möglich. Dem geweiteten Blick zeigt sich die Moderne darum nicht nur religionshemmend, wie etwa im Umfeld der kirchlichen Religion deutlich wird, sondern auch religionsproduktiv, wie an den Beispielen der alternativ-spirituellen und der neopfingstlerischen Bewegungen gezeigt werden soll.[8]

5 Casanova, *Lage* (wie Anm. 3) 327; vgl. Christoph Bochinger (Hg.), *Religionen, Staat und Gesellschaft.* Die Schweiz zwischen Säkularisierung und religiöser Vielfalt, Zürich 2012, 212–216.

6 Hubert Knoblauch, *Populäre Religion.* Auf dem Weg in eine spirituelle Gesellschaft, Frankfurt a. M./New York 2007, 29–31.

7 A. a. O., 38–42; David Goodhew, *Church Growth in Britain.* 1980 to the Present, Cranmer Hall 2012.

8 Hermann Lübbe, *Religion als Modernisierungsgewinner.* Über Aufklärungsresistenzen, in: Bulletin der Vereinigung der Schweizerischen Hochschuldozierenden 36 (2010) H. 1.

5 Sehen – eine Frage der Beobachtungkriterien

Die dominante Wahrnehmung eines allgemeinen Bedeutungsverlusts der Religion in Europa bzw. die mangelnde Wahrnehmbarkeit religiöser Vitalität jenseits der konventionellen Religion hängen nicht zuletzt mit den Forschungsfragen und -methoden einer Religionssoziologie zusammen, deren Mess-Kategorien sich an den Grundzügen des historisch gewachsenen, kirchlich verfassten Christentums orientieren. Ein Grund dafür ist sicher die im deutschsprachigen Raum nach wie vor ausgeprägte organisatorische Stärke der kirchlichen Religion, die das, was als Religion sichtbar wird, und das, was als Religion zu gelten hat, immer noch massgeblich prägt. Eine Gleichsetzung von Religion und Kirche bzw. Säkularisierung und Entkirchlichung ist oft die Folge, und die Transformation des Religiösen im Bereich der individualisierten Religiosität, deren Erforschung ihre eigenen methodischen Schwierigkeiten mit sich bringt, bleibt dabei in ihrem ganzen Ausmass verkannt.

Phänomene jenseits des Herkömmlichen werden zwar mittlerweile auch in quantitativen Studien mitbeobachtet, doch das sich Bewegende und Fluide ist und bleibt schwer fassbar. Es erstaunt nicht, dass diese Formen der Religiosität oft als Randerscheinung beurteilt werden, die in der religiösen Praxis keinen nachhaltigen Niederschlag zu finden und das Schrumpfen kirchlicher Religion nicht zu kompensieren vermögen. Anzeichen von religiöser Vitalisierung werden dann als Ausnahmen zur Regel, als Überreste einer vormodernen Zeit, als letztes Aufbäumen auf dem Weg des Niedergangs oder als Konstrukte eines medialen Hypes gedeutet.[9]

Doch die religiöse Landschaft Europas ist vielfältig und komplex geworden und alternative Formen von Religiosität sind hier weit verbreitet. Weil diese Formen von Religion, für die sich allgemein der Begriff der Spiritualität als einer subjektivierten Form «religiöser» Orientierung eingebürgert hat, oft lose organisiert und dogmatisch wenig festgelegt sind und sich nicht an die Grenzen des herkömmlich Religiösen halten, bedarf es für ihre Untersuchung einer Erweiterung des Begriffs der Religion.[10]

9 Detlef Pollack, *Säkularisierung – ein moderner Mythos?*, Tübingen 2003; ders., *Rückkehr des Religiösen?*, Tübingen, 2009; vgl. Steve Bruce, *God is Dead*. Secularization in the West, Oxford 2002.

10 Zum Spiritualitätsbegriff siehe Knoblauch, *Populäre Religion* (wie Anm. 6) 725–746.

6 Religion versus Transzendenz

Für eine pluralitätssensible Beobachtung der Gegenwartsreligion erweist sich das Konzept der Transzendenz bzw. des Transzendierens als heuristisches Modell als hilfreich, denn es entgrenzt den Religionsbegriff von seinen Engführungen. Diese Entgrenzung führt keineswegs direkt in die Vernichtung jeglicher Inhalte, sondern ermöglicht vorerst einmal die Erfassung auch fluider Formen von Religion, die sich nicht mehr unbedingt an die herkömmlichen Unterscheidungen zwischen «sakral» und «profan» und an bestimmte Formen der Institutionalisierung von Glaubensformen halten. Mit dem Konzept des Transzendierens – einer intentionalen Tätigkeit, in der sich der Mensch von seinen unmittelbaren Erfahrungen löst bzw. diese übersteigt und im sozialen Austausch mit anderen mit Deutungen versieht, die wiederum seine Wahrnehmung steuern und spezifische subjektive Erfahrungen ermöglichen, wird dem Religiösen eine allgemeine menschliche Form der Erfahrung, des Wissens und des Handelns zugrunde gelegt. Das Transzendieren wird als eine sozial eingebettete Tätigkeit und Erfahrung verstanden, die sich nicht in «Auferlegtem» erschöpft, sondern immer auch Handlung ist. Ihre Deutung ist nicht unabhängig vom ihrem kulturellen Kontext. Auch wenn das spezifisch Religiöse schliesslich den «grossen Transzendenzen» zugewiesen wird, also jenen Erfahrungen des Menschen, die sich vom Typ der Alltagserfahrungen abheben und auf einen besonderen Sinnbereich beziehen, so sind damit noch keine spezifischen Sozialformen und Inhalte vordefiniert, die sich etwa aus einer Differenz zwischen Transzendenz und Immanenz ableiten liessen. Diese ergeben sich nämlich historisch-kulturell, und ihr jeweiliger Bezugspunkt kann Gott sein, er kann aber auch apersonal sein oder leer bleiben. Das heisst, das, was als religiös bzw. spirituell angesehen wird, variiert historisch-kulturell bzw. wird kulturell gefüllt und hängt von der jeweiligen Bestimmung der Alltagserfahrung ab.[11] Es ist das Resultat sozialer Interaktion und Kommunikation. Dabei wird das Subjekt nicht einfach zum Objekt der Transzendenz, sondern bleibt als Subjekt seiner Transzendenzerfahrung im Spiel – eine Beobachtung, die gerade für die modernen Formen von Religiosität und Spiritualität gültig zu sein scheint.[12]

Die Transzendenzerfahrung bietet sich als nützliche Vergleichskategorie an, mittels derer Ähnlichkeiten zwischen religiösen bzw. spirituellen Phänomenen in unterschiedlichen Gesellschaften untersucht werden können, die aber auch die Beobachtung des religiösen Wandels in einer bestimmten Gesellschaft

11 A. a. O., 55 f., 63.

12 Thomas LUCKMANN, *Die unsichtbare Religion*, Frankfurt a. M. 1991, 83–85.

ermöglicht. Es ist gerade dort ratsam, sich auf die Formen und Strukturen von Transzendenzerfahrungen zu konzentrieren, wo moderne Formen von Religiosität bzw. Spiritualität untersucht werden, die mit ihrem auf Ganzheitlichkeit zielenden Ansatz und ihren teils mystischen Ausdrucksformen die gängigen Grenzen zwischen einer sakralen und einer profanen Sphäre der Erfahrung nicht mehr unbedingt einhalten. Ihr gemeinsames Merkmal ist die mögliche oder tatsächliche Grenzüberschreitung, die als «zentrales Thema von Religion» gelten kann. Ihre Bezugspunkte sind unterschiedlich, als «religiös» bzw. «spirituell» gelten sie dann, wenn sie als persönliche Erfahrung grosser Transzendenz bzw. als ausseralltäglich oder herausragend gedeutet werden.[13]

Eine Übereinstimmung dieses Transzendenzbegriffs mit dem Konzept der anthropologisch bedingten Erfahrung von Selbsttranszendenz bei Hans Joas[14] ergibt sich nun dort, wo dieser einräumt, dass «das Heilige» definitorisch nicht festzulegen sei, da es sich phänomenologisch immer wieder anders zeige und gleichzeitig vom kulturellen und sozialen Leben nicht eindeutig abgrenzen lasse. Eine Abweichung von seinem Konzept des Religiösen zeigt sich dort, wo er die explizit religiöse Erfahrung von Transzendenz als Widerfahrnis des Individuums verstanden haben will – als «Erfahrung, die den Menschen aus den Grenzen seines Selbst herausreisst», oder als «Begegnung mit einer ihn übersteigenden Kraft» – und diese dann in Bezug bringt mit Gott, Göttern, Ahnen oder dem Heiligen, das sich dadurch qualifiziert, dass es seinen Ursprung nicht im «irdischen Kosmos» hat.[15] Hier scheint die Grenzüberschreitung und -erfahrung doch wieder zurückgebunden zu werden an ein konkretes substanzielles Verständnis von Religion.

Untersuchungen, die von einem weiter gefassten Transzendenzbegriff aus operieren, können zeigen, dass das Religiöse bzw. Spirituelle – nicht nur ausserhalb von Europa, sondern auch innerhalb – vital und präsent ist.[16] Die Gleichzeitigkeit von Entkirchlichung und Spiritualitätsbooms scheint ein Wesensmerkmal

13 Volkhard Krech, *Götterdämmerung*. Auf der Suche nach Religion, Bielefeld 2003.

14 Hans Joas, *Glaube als Option*. Zukunftsmöglichkeiten des Christentums, Freiburg i. Br. 2012, 9; ders., *Brauch der Mensch Religion?*. Über Erfahrungen der Selbsttranszendenz, Freiburg i. Br. 2004.

15 Hans Joas, *Den Dialog befreien*, online unter: www.badische-zeitung.de/deutschland-1/den-dialog-befreien--60169410.html (8.12.2014).

16 Vgl. Eileen Barker, *The Church Without and the God Within*. Religiosity and/or Spirituality, in: Dinka Marinovic u. a. (Hg.), *Religion and Patterns of Social Transformation*, Zagreb 2004, 23–74.

der Moderne zu sein, von der auch die etablierten religiösen Organisationen und Traditionen betroffen sein können.

7 Die Dynamik der Erfahrung – alternative Spiritualität und neopfingstlerisches Christentum

Religiöse bzw. spirituelle Dynamik lässt sich heute vor allem dort beobachten, wo das so genannte Religiöse erfahrbar wird. Diesbezüglich fallen hierzulande vor allem jene Phänomene ins Auge, die sich unter der Rubrik «alternative Spiritualität» im Umfeld neuer religiöser Bewegungen fassen lassen. Die aktuelle empirische Forschung zeigt, dass alternative Formen von Religiosität bzw. Spiritualität mit ihren aussergewöhnlichen Erfahrungsmöglichkeiten und Bewusstseinsveränderungstechniken – mit oder ohne Bezug auf ein konkretes Gegenüber ausserhalb der Alltagswirklichkeit – gerade auch in den europäischen Gesellschaften weit verbreitet sind. Etwa dort, wo es sich um Wiederbelebungen keltischer oder germanischer Rituale, die Rezeption indianischer und schamanischer Traditionen oder die Adaption asiatischer Meditationstechniken handelt. Auch psychologische Wissenstraditionen, die ursprünglich nicht als religiös angesehen werden, erfahren religiöse Umdeutungen, wie die «Human-Potential»-Bewegung zeigt. Ebenso finden Techniken im Bereich von Gesundheit und Wellness, etwa Yoga oder Ayurveda, sowie modernisierte Formen des Aberglaubens, des Okkultismus und der Magie zunehmende Akzeptanz. Diese – als alternative Formen von Spiritualität gedeuteten Phänomene – können, so Heelas und Woodhead, ein durchaus ebenbürtiges Gegenstück zur kirchlich organisierten Religion darstellen.[17] Zwar ist die Zahl der sich zu diesen Bewegungen bekennenden Aktivisten, ihr jeweils sichtbarer Kern, eher klein, doch in der breiteren Bevölkerung findet die alternative Spiritualität einen enormen und seit den ersten Erhebungen in den 1990er Jahren anwachsenden Widerhall. Einer der Gründe dafür kann im populären Grundzug dieser Bewegungen gesehen werden, die es von Anfang an verstanden, verschiedenste Medien für die Verbreitung ihrer Ideen effizient einzusetzen. Internationale Umfragen haben ergeben, dass mehr als 60 Prozent der Mitglieder verschiedenster westlicher Gesellschaften über aussergewöhnliche Erfahrungen berichten können, ob sie sich nun selbst als religiös bzw. spirituell bezeichnen oder nicht.[18]

17 Paul Heelas/Linda Woodhead, *The Spiritual Revolution*. Why Religion is Giving Way to Spirituality, Oxford 2003.

18 Zwischen 1962 und 1992 fanden mehr als 20 Erhebungen zu solchen Erfahrungen statt. Vgl. dazu James McClenon, *Wondrous Events*. Foundations of Religions, Philadelphia 1994; Hubert

So heterogen die Bewegungen im Umfeld der alternativen Spiritualität sind, so lassen sie sich doch durch gemeinsame Merkmale charakterisieren. Sie haben keinen institutionellen Kern, sind lose organisiert, und durchgängige dogmatische Aussagen fehlen ihnen. Ihr kleinster gemeinsamer Nenner bildet die Betonung der Erfahrungsdimension. Handeln und Wissen speisen und legitimieren sich aus subjektiven Erfahrungen grosser Transzendenz bzw. aus besonderen, herausragenden, nicht-alltäglichen Erfahrungen, die nicht mehr bloss den Experten vorbehalten, sondern allen zugänglich sind. Die Quellen ihrer Deutungen liegen in den «nicht hegemonialen (östlichen, archaischen, okkulten, mystischen etc.) Traditionen der Religion», die in Distanz zur Dogmatik religiöser Grossorganisationen miteinander vermischt werden. Die Bewegungen können sich relativ rasch ausbreiten, denn sie überschreiten mit Leichtigkeit herkömmliche kulturelle, soziale, religiöse und auch konfessionelle Grenzen.[19]

Zusammenfassend kann also festgehalten werden, dass zahlreiche Menschen auch in den modernisierten Gesellschaften Europas von einer Erfahrungsorientierung auf grosse Transzendenzen berichten, auch wenn ihre Transzendenzbezüge inhaltlich unterschiedlich konzipiert sind. In dieser weiten Verbreitung von Transzendenzorientierung und -erfahrung sieht Knoblauch einen quantitativen Aspekt der Spiritualität als der modernen und populären Form von Religiosität, auch deshalb, weil die Bereitschaft, darüber zu sprechen, ja nicht selbstverständlich ist.[20]

Es mag auf den ersten Blick verwegen erscheinen, Bewegungen alternativer Spiritualität mit christlichen Bewegungen zu vergleichen, zumal sich beide Seiten zum Teil mit Vehemenz voneinander abgrenzen, vor allem wegen ihrer je unterschiedlichen Transzendenzbezüge. Interessanterweise zeigen die spirituell alternativen Strömungen aber auffallende strukturelle Ähnlichkeiten mit dem, was vor allem ausserhalb von Europa geschieht, wo religiöse Dynamik zu beobachten ist – nämlich mit den in den urbanen Zentren der USA, Afrikas, Lateinamerikas und Teilen Asiens pulsierenden neo-pentekostalen Bewegungen. Schon zu Beginn des 20. Jahrhunderts versuchte das amerikanische Pfingstlertum das Christentum neu zu beleben, indem es auf die Erfahrbarkeit des Heiligen Geistes setzte. Auch das aktuelle Neupfingstlertum betont die Transzendenzerfahrung in Form von Geisteserfahrungen, Geistesgaben und Wunderheilungen. Ebenso

---

Knoblauch, *Die Sichtbarkeit der unsichtbaren Religion*. Subjektivierung, Märkte und die religiöse Kommunikation, in: Zeitschrift für Religionswissenschaft 5 (1997) 179–202.

19 Hubert Knoblauch, *Einleitung: Soziologie der Spiritualität*, in: Zeitschrift für Religionswissenschaft 13 (2005) 123–131.

20 Knoblauch/Graff, *Spiritualität* (wie Anm. 1) 740, 744.

legt die charismatische Bewegung, die sich seit den 1960er Jahren innerhalb der traditionellen Kirchen und Denominationen und über deren Grenzen hinaus bewegt, Wert auf besondere Erfahrungen und Bewusstseinszustände.[21]

Diesen Bewegungen wird derartiges Wachstum zugetraut, dass sie in einigen Jahren weltweit schon die Mehrheit der Christen ausmachen könnten. Zwar gibt es unter ihnen ganz unterschiedliche Strömungen, trotzdem trifft für die Mehrheit folgende Charakterisierung zu: Die subjektive Erfahrung grosser Transzendenzen ist die zentrale Dimension, und die persönliche innere wie äussere Transformation ist das Ziel der individuellen Religiosität bzw. Spiritualität. Die subjektive Erfahrung wird hier nicht nur zur «kritischen Instanz», die dem Transzendenten Evidenz und Faktizität verleiht, diese Erfahrungsreligiosität bzw. -spiritualität emanzipiert sich auch – ähnlich wie die alternative Spiritualität – vom Expertentum, denn die Erfahrbarkeit des Religiösen ist jedem Menschen möglich und keineswegs an profunde Kenntnisse einer Lehre gebunden. Damit wird Religiosität bzw. Spiritualität nicht nur demokratisiert, sondern gewissermassen auch popularisiert, und ihre anti-institutionellen verbinden sich mit transkonfessionellen Tendenzen, denn sie hält sich auch nicht an konfessionelle oder denominationelle Grenzen.[22] Ihr Wachstum ist multidirektional. Freilich können sich die Bewegungen den Prozessen der Institutionalisierung und Professionalisierung auch nicht gänzlich entziehen. Für sie ist aber typisch, dass sie diese Prozesse eher in Anlehnung an Organisationsformen aus der Wirtschaft strukturieren und sich in ihrer Kommunikation moderner Medien und Gattungen aus anderen Kulturbereichen bedienen.[23] Ihre Vergemeinschaftung, ihr sozialer Ort findet sich vermehrt in Events, Shows, kleinen interessen- und zweckgeleiteten Temporärgemeinschaften, Suchgruppen und auf virtuellen Plattformen, wo sich der und die Einzelne nach Bedarf bedienen kann. Diese Gruppen übernehmen die religiöse Sozialisation, die einst den Familien und den Kirchen zukam. Sie sind auch die fundamentalen Stützpfeiler der grösseren Glaubensgemeinschaften, bilden ein Netzwerk und sind oft ausschlaggebend für Wachstum, Bindungskompetenz und Vitalität einer Organisation.[24]

21 David Barret, *Annual Statistical Table on Global Mission*, in: International Bulletin of Missionary Research 26 (2000) H.1, 22–23.

22 Vgl. Wolfgang Vondey, *Pentecostalism*. A Guide fort he Perplexed, London/New York 2013.

23 Vgl. Hubert Knoblauch, *Die populäre Religion*, in: Theologisch-Praktische Quartalsschrift 154 (2006) H.2, 164–172. URN: http://nbn-resolving.de/urn:nbn:de:0168-ssoar-6719 (19.1.2015).

24 Volkhard Krech, *Wo bleibt die Religion?*. Zur Ambivalenz des Religiösen in der modernen Gesellschaft, Bielefeld 2011, 106–109. Vgl. Henk De/Sake Stoppels, *Evangelikalisierung in den Kirchen*, in: Pastoraltheologie 101 (2012) 260–279.

Die erfahrungsorientierte christliche Spiritualität neopfingstlerischer Prägung hat aber auch eine lebenspraktische Seite. Sie verbindet sich mit dem Alltagsleben, entfaltet idealerweise ihre Nützlichkeit in allen Lebensbereichen und ermöglicht Transformationen sowohl auf individuellen wie gesellschaftlichen Ebenen.[25]

8 Soziale Lagen, Kontingenzerfahrungen, Sinnstiftung und Transformation

Die Tatsache, dass sich die Dynamik der neo-pentekostalen Bewegungen vor allem ausserhalb von Europa zeigt, wird oft mithilfe von markttheoretischen oder zivilisations- bzw. anomietheoretischen Makrotheorien begründet. Während erstere die Situation in den USA erklären, führen letztere den Erfolg neopfingstlerischer Bewegungen in kausaler Weise auf die konfliktiven gesellschaftlichen Wandlungsprozessen im globalen Süden zurück, weil sie hier in besonderer Weise ihr integratives oder kompensatorisches Potenzial entfalten könnten. Tatsächlich scheint die neopfingstlerische Spiritualität die Be- und Verarbeitung sozialer Erfahrungen und Transformationen – in Zeiten von Krise und Deprivation – hier in besonderer Weise entfalten zu können, so dass Identitätsbildungsprozesse und soziale wie politische Mobilisierungprozesse möglich werden.[26] Religiöse Erfahrungen nehmen in ihrer Funktion als Evidenzgeneratoren nicht nur Einfluss auf die kognitive Wahrnehmung und Deutung der sozialen Wirklichkeit, sie erzeugen auch emotionale Bindungen an Werte und Gemeinschaften und bilden so die Grundlage zur aktiven Lebensgestaltung bzw. -transformation – sowohl auf der individuellen wie auf der sozialen Ebene. Gerade die mit dem Neopfingstlertum noch immer vermittelte protestantische Ethik des Berufs, der Disziplin, der Pflicht und des Gehorsams befähigt die sozialen Unterschichten zum Aufstieg und ermöglicht den oberen Schichten, ihrem Wunsch nach Individualität nachzukommen. Insofern erscheinen die neopfingstlerischen Bewegungen nicht mehr die Sünde und das Leid in den Vordergrund zu stellen, sondern die Suche nach dem, was das Wohlbefinden und Wohlergehen des und der Einzelnen im Dies- wie im Jenseits behindern bzw. fördern könnte.[27] Dabei wird das Religiöse nicht beschränkt auf bestimmte Lebensbereiche, im Gegenteil, die

25 Vondey, *Pentecostalism* (wie Anm. 22) 89–110.

26 José Casanova, *New Religious Movements as a Global Phenomenon Between Secularization, Religous Revival and Fundamentalism*. Vortrag anlässlich der internationalen Konferenz der Deutschen Bischofskonferenz zum Thema «Evangelicals, Pentecostals, Charismatics: New Religous Movements as a Challenge for the Catholic Church», Rom 2013.

27 Knoblauch, *Populäre Religion* (wie Anm. 6) 91 f.

Departmentalisierung des Lebens in voneinander abgekoppelte Funktionsbereiche wird aufgehoben, und zwar über die subjektive Erfahrung des Religiösen, das alles durchflutet. Die Erfahrungsorientierung ermöglicht die Herstellung eines übergreifenden Zusammenhangs des Lebens als einer Ganzheit.[28] Die Religion zeigt sich hier in ihrer typischen Funktion als Kontingenzbearbeiterin bzw. -bewältigerin.

Interessanterweise weitet sich in Lateinamerika, wo sich die Bewegung lange in den unterprivilegierten Bevölkerungssegmenten beobachten liess, immer deutlicher auch auf andere Einkommens- und Bildungsschichten aus. Sie diversifiziert sich dort wie auch in den USA und in Europa bis in die gesellschaftlichen Oberschichten hinein. Offensichtlich lassen sich die religiösen Erfahrungen und Überzeugungen neopfingstlerischer Ausrichtung in ganz unterschiedlichen Kontexten fruchtbar machen, sei es im Übergang von einer vorindustriellen zu einer industriellen Gesellschaft oder unter den Bedingungen der globalisierten, postindustriellen Gesellschaft mit ihren spezifischen Problemen und Erfahrungen von Kontingenz. Eine solche Form von Religion könnte als modernitätsaffin bezeichnet werden. Sie hat das Potenzial, gesellschaftliche Situationen aufzugreifen, mit den subjektiven Befindlichkeiten und Bedürfnisse zu verbinden und sich im sozialen Handeln niederzuschlagen. Insofern hat sie sowohl biografische als auch gesellschaftliche Relevanz, denn sie vermag nicht nur Sinn zu stiften, sondern ist auch entscheidungs- und handlungsleitend und transformativ. Diese Kompetenz zur situativen Verbindung von «beliefs» und «variant contexts», wie Schäfer es nennt, ist wohl auch ein Grund, weshalb die Bewegungen in ihren politischen Orientierungen nicht einheitlich auftreten.[29] Ihr gemeinsamer Bezugspunkt bleibt der Heilige Geist – als eine subjektiv erfahrbare Grösse. Diese Ausrichtung verleiht ihnen eine grosse Plastizität, die sie kontextsensibel nutzen können und dies sie von konfessionellen und denominationellen Fixierungen entbindet.

Trotzdem erfährt die christliche Erfahrungsspiritualität in Europa, wo alternative Formen von Spiritualität weit verbreitet sind, nicht den Aufschwung, wie er ausserhalb des Kontinents zu beobachten ist. Die Präsenz der neopfingstlerischen Strömungen wurde hier lange Zeit sogar gänzlich übersehen, denn betrachtet man ihre über die freikirchlichen Organisationen zählbaren Mitglieder, dann fal-

28 A. a. O., 95.

29 Wilhelm H. Schäfer/Adrián Simoncic, *Religiöser Glaube und gesellschaftliches Handeln in der lateinamerikanischen Pfingstbewegung: zu empirischen und theoretischen Aspekten des aktuellen Forschungsstandes*, in: CIRRus Working Paper, 7 (2010) 5–9.

len sie tatsächlich kaum ins Gewicht.[30] Doch sollte ihre grenzüberschreitende Anziehungs- und Stosskraft auch hier nicht unterschätzt werden, denn über ihre Netzwerkstrukturen und Kommunikationskanäle finden sie Eingang in die populäre Kultur, verbinden sich mit religiösen Traditionen und bewegen sich souverän über institutionelle Grenzen hinweg. Lokale Gruppierungen bieten eine Alternative zum institutionellen Christentum, und transnational operierende Organisationen profitieren von den Möglichkeiten der Globalisierung. Als zeitgenössische marktorientierte Religionsform, die zu Standardisierungen und zur Ökumenisierung tendiert und die ihr «Angebot» auf die potenziellen Bedürfnisse und Bedingungen der Konsumenten vor Ort ausrichtet, erstaunt es nicht, dass sie mit einer erstaunlichen Leichtigkeit auch in herkömmliche Organisationen Eingang findet, so dass mitunter von einer Evangelikalisierung bzw. Charismatisierung des Christentums die Rede ist. Die Bereitschaft zur Reduktion der Glaubensinhalte auf elementare Komponenten jenseits konfessionell-denominationeller Spezifizierungen, die Verbindung von Glauben und Lebenspraxis, die Konzentration auf das Subjekt und die Fähigkeit zur Inkulturation macht neopentekostale Religionsform nicht nur hochgradig flexibel, sondern auch niederschwellig und für moderne Menschen mit ihren spezifischen Erfahrungen von Kontingenz attraktiv. Davon profitiert auch die glokal[31] bzw. transnational operierende Glaubenskursbewegung Alpha International. An ihr zeigt sich deutlich, wie die Dynamiken zwischen Globalisierung, lokaler missionarischer Aktivität, Migration und medialer Kommunikation zusammenspielen und die Ausbreitung fördern können.[32]

30 Jörg Stolz u. a., *Die religiösen Gemeinschaften in der Schweiz: Eigenschaften, Aktivitäten, Entwicklung.* Schlussbericht der National Congregations Study Switzerland (NCSS) im Rahmen des Nationalen Forschungsprogramms 58, online unter: www.nfp58.ch/files/news/126_Schlussbericht_Stolz_Chaves.pdf (18.3.2015).

31 «Glokalisierung» bezeichnet die Verbindung und das Nebeneinander des vieldimensionalen Prozesses der Globalisierung und seiner lokalen bzw. regionalen Auswirkungen und Zusammenhänge. Aufgrund global-lokaler Vernetzungen entstehen Netzwerke, die für die Bildung transnationaler Produktions- und Vermarktungsstrukturen, aber auch für die Veränderung der jeweiligen Kulturen verantwortlich sind. Robertson beschreibt die Entwicklungen des Globalisierungsprozesses der 1980er und 1990er Jahre als Trends zur Partikularisierung des Universalen und gleichzeitigen Universalisierung des Partikularen. Roland Robertson, *Glokalisierung: Homogenität und Heterogenität in Raum und Zeit*, in: Ulrich Beck (Hg.), *Perspektiven der Weltgesellschaft*, Frankfurt a. M. 1998, 192–220.

32 Eva Baumann-Neuhaus, *Kommunikation und Erfahrung.* Aspekte religiöser Tradierung am Beispiel der evangelikal-charismatischen Initiative Alphalive, Marburg 2008, 46 f.

Gerade in einem gesellschaftlichen Kontext, in dem Organisationen und Individuen angesichts wachsender Handlungsmöglichkeiten zunehmend selbstbestimmt und selbstverantwortlich entscheiden müssen, die Folgen und Nebenfolgen ihrer Entscheidungen und Handlungen aber immer weniger kontrollieren können und die Gesellschaft, den Alltag und die eigene Biografie zunehmend als kontingent, d. h. von einer prinzipiellen Offenheit geprägt, erfahren, hätte eine modernitätsaffine, undogmatische und auf die subjektive Erfahrung des Individuums zielende Religionsform, wie sie das Neopfingstlertum verkörpert, das Potenzial zur Entfaltung. Der Kenner der (neo)pfingstlerischen Bewegungen Martyn Percy fasst seine Beobachtungen wie folgt zusammen:

> «Rational religion and the certainty it brought was valuable, but many people wanted more than this – they wanted to experience something as well. Faith was not just thinking about God, but feeling him too. [...] Charismatic Christianity is essentially a matter of the heart, and works best when it travels light.»[33]

Trotzdem scheinen die neopentekostalen Bewegungen in Europa eher schwach ausgebildet. Liegt es an den grossen und gesellschaftlich gut verankerten christlichen Organisationen, die monopolartig immer noch das Bild dessen prägen, was als christlicher Glaube zu gelten hat, und das Feld gegenüber von heterodoxen Bewegungen schliessen bzw. sich von der als freikirchlich und unaufgeklärt wahrgenommenen Erfahrungsspiritualität aktiv abgrenzen? Oder liegt es an der Selbstermächtigung des Subjekts, das sich auch in weltanschaulichen und religiösen Belangen vollmächtig, emanzipiert und freigeistig zeigt und wenn, dann eher zu jenen Formen von Spiritualität tendiert, die eine echte Alternative zur traditionellen Christlichkeit bzw. Kirchlichkeit bieten.[34]

9 Die Migration und das europäische Christentum

Grenzen überschreiten nicht nur glokal oder transnationale agierende Organisationen, auch Migrantinnen und Migranten erbringen Transferleistungen und forcieren Grenzverschiebungen. In der Schweiz ist die Mehrheit der zugewanderten Personen christlich geprägt, viele von ihnen bringen sogar einen neopfingstlerischen Frömmigkeitsstil mit. Diese leben ihren Glauben meist aktiv

33 Martyn Percy, *A Place at High Table?*. Assessing the Future of Charismatic Christianity, in: Grace Davie/Paul Heelas/Linda Woodhead, *Predicting Religion*. Christian, Secular and Alternative Futures, Hampshire/Burlington USA 2003, 95–108, 99–102.

34 Vgl. Winfried Gebhart/Martin Engelbrecht/Christoph Bochinger, *Die Selbstermächtigung des religiösen Subjekts*, in: Zeitschrift für Religionswissenschaft 2 (2005) 133–152.

in, aber auch über ihre Glaubensgemeinschaften hinaus, denn die zugewanderte neopfingstlerische Religiosität ist geprägt von einem starken Sendungsbewusstsein, nicht zuletzt gegenüber dem als religiös defizitär empfundenen Residenzland. Mit ihrer selbstbewussten und sichtbar werdenden Glaubenspraxis fordern darum auch christliche Migrantinnen und Migranten die Standards hiesiger Religiosität immer wieder heraus und verändern mit ihrer Anwesenheit die Wahrnehmung von Religion. In der religionssoziologischen Literatur wird in jüngster Zeit vermehrt deutlich gemacht, dass durch die Migration ein neues religionsdynamisches Moment ins Spiel kommt, dessen Auswirkungen für Europa noch nicht absehbar sind.

Migrationserfahrungen haben die Tendenz, den Wunsch nach religiöser Bindung, d. h. nach religiöser Deutung des eigenen Schicksals, nach Einbettung und Einbindung in eine Gemeinschaft zu verstärken.[35] Diese Tendenz führte in den USA im 19. Jahrhundert und in der zweiten Hälfte des 20. Jahrhunderts sehr deutlich zu einer Korrelation zwischen Migration und religiöser Vitalität. Immer wenn die Migration anstieg, kam es im gleichen Zeitraum zu einer Zunahme des religiösen Engagements. So waren die religiösen Bindungen bei einem Grossteil der amerikanischen Bevölkerung zur Zeit des Unabhängigkeitskrieges und in den ersten zwei Jahrzehnten danach noch relativ schwach. Nur etwa 10 Prozent der Bevölkerung sollen um 1800 offiziell einer Kirche angehört haben. Auch wenn diese Zahl zu niedrig gegriffen sein mag, so ist doch unbestritten, dass im Verlaufe des 19. Jahrhunderts das religiöse Engagement der Menschen und die Bedeutung religiöser Einrichtungen parallel zur lawinenartigen Zunahme der Einwanderung anschwollen. Als nach dem Ersten Weltkrieg die Einwanderungsquoten eingeführt wurden und die Zahl der Immigrierenden zurückging, liess auch das religiöse Engagement der Bevölkerung wieder nach. In der Zeit zwischen 1920 und 1960 kam es sogar zu mehr öffentlicher Kritik an der Religion und zu mehr Freidenkertum. In dem Mass, wie aber dann nach 1960 die Schleusen für Einwanderungswillige wieder aufgingen, kann für diese Zeit auch ein erneuter Anstieg an religiösem Engagement konstatiert werden.[36]

Hartmut Lehmann wertet den Vergleich zwischen Europa und Amerika deshalb als bedeutsam, weil es um zwei völlig unterschiedliche Ausprägungen des Verhältnisses zwischen Gesellschaft und Religion in der «westlichen Welt» handelt. Aus Europa ist das Christentum im Laufe des 20. Jahrhunderts

35 Das bestätigen auch Untersuchungen, die im Rahmen des Nationalen Forschungsprogramms 58 des Schweizerischen Nationalfonds durchgeführt wurden. Vgl. BOCHINGER, Religionen (wie Anm. 5) 284.

36 Hartmut LEHMANN, *Säkularisierung*. Der europäische Sonderweg in Sachen Religion, Göttingen 2004, 15–35.

gewissermassen emigriert, und auf dem Kontinent ist es seit dem 18. Jahrhundert nicht gelungen, intensive und authentische Religiosität und sozialen Fortschritt miteinander zu verbinden. Könnte der oben diskutierte Zusammenhang von Migrationserfahrungen und dem Wunsch der Immigrierenden nach stärkerer religiösen Bindung auch auf dem Einwanderungskontinent Europa dazu führen, dass Religion hier wieder an Bedeutung gewinnt? Wenn ja, dann könnte gerade die neopfingstlerische Spiritualität mit ihren konfessionsübergreifend und inkulturalisierenden Kompetenzen dabei eine bedeutende Rolle spielen, denn sie vermag Sinn und Identität zu stiften sowie Hoffnung auf Glück zu vermitteln, wo Diskontinuität, Deprivation und Kontingenz erfahren wird.

10 Herausforderungen für die europäischen Kirchen

Wenn das erfahrungsorientierte Christentum seine Anziehungskraft hierzulande vorwiegend auf die junge Generation, die Frauen und die Mittelklasse ausübt, also auf jene Bevölkerungssegmente, die angesichts des aktuellen gesellschaftlichen Wandels in besonderem Masse Kontingenz erfahren, dann zeigt sich darin nicht nur das Potenzial einer Religionsform in Bezug auf ihre Funktion als Kontingenzbewältigerin, sondern auch ihre Kompetenz, in modernitätskompatibler Weise Religion zu sein. Wegen ihrer Subjektbezogenheit und ihrer Alltagsnähe scheint sie gerade für kirchlich distanzierte Zeitgenossen eine wählbare Alternative zu sein, ohne dass sie ihren Warenkern preisgeben muss.

Die Grosskirchen sollten sich darum den Herausforderungen und Chancen nicht entziehen, die sich aus der Begegnung mit neopfingstlerischen Bewegungen und Gruppierungen und mit so orientierten Migranten und Migrantinnen ergeben.

III Aus theologischer Sicht

«An easy liberalism plagues the land ...»

Über Liebe in den Zeiten der Autonomie

Christoph Ammann

Im zehnten Kapitel seines Buches «Glaube als Option» beschäftigt sich Hans Joas mit den intellektuellen Herausforderungen, die sich dem Christentum heute stellen. Dabei handelt es sich – im Unterschied zu jenen Herausforderungen, auf die Joas im vorangehenden Kapitel eingeht – um solche, «die aus kulturellen Veränderungen resultieren»[1], genauer aus Veränderungen der westlichen Kultur selbst. Joas lehnt sich dabei eng an die Diagnose an, die Ernst Troeltsch 1910 in seinem Aufsatz «Die Zukunftsmöglichkeiten des Christentums» gestellt hatte. Joas markiert die vier intellektuellen Herausforderungen, vor denen das Christentum heute steht, mit den Stichworten Liebesethos, Personalität, Spiritualität und Transzendenz. Ich konzentriere mich im Folgenden auf den ersten Punkt, das christliche Liebesethos. Die Herausforderung, die sich hier stellt, hat ihren Grund laut Joas in «einer intellektuellen Hegemonie von Werten und kognitiven Annahmen, die das Liebesethos zunehmend unverständlich werden lassen»[2]. Gerade an der Liebe, die doch als eine Art «Alleinstellungsmerkmal» der christlichen Ethik gelten darf, tritt also eine Erklärungsnot besonderer Art auf.

Die Schwierigkeit, die Joas hier im Blick hat, glaube ich als christlicher Ethiker zu kennen, und zwar nicht als theoretische, sondern als eine durchaus existenzielle, am eigenen Leib immer wieder erlebte. Mein Beitrag ist denn auch weniger eine intellektuelle Replik auf eine wissenschaftliche These als vielmehr der von existenzieller Betroffenheit ausgehende Versuch, jene «intellektuelle Hegemonie von Werten und kognitiven Annahmen», von der Joas spricht, zu veranschaulichen und zu konkretisieren.

1 Hans Joas, *Glaube als Option*. Zukunftsmöglichkeiten des Christentums, Freiburg i. Br. 2012, 201.
2 A. a. O., 202.

1 Die Liebe in den Zeiten der Autonomie

Unverständlich können Dinge auf ganz unterschiedliche Weise sein. Welche Art von Unverständlichkeit liegt im Fall des Liebesethos vor? Sicher ist sie nicht rein intellektueller Art. Die «Hegemonie von Werten und kognitiven Annahmen», die das Liebesethos in die Defensive drängen, ist gerade darum so wirkmächtig, weil sie selbst nicht auf bestimmten kognitiven Überzeugungen beruht. Man könnte von einer bestimmten Stimmung sprechen, einer Stimmung, die das Lebensgefühl von Menschen prägt und sodann auch die Art und Weise beeinflusst, wie ethische Fragen formuliert und diskutiert werden. Ich möchte diesen Cluster von Einstellungen – in Anspielung auf ein Zitat von John Updike, das Hans Joas seinem Buch Glaube als Option vorangestellt hat[3] – als *easy liberalism* bezeichnen. Dessen normatives Herz ist der unbestrittene Anspruch des Einzelnen, mit sich und seinem Leben anfangen zu dürfen, was er oder sie will, solange er oder sie andere nicht manifest schädigt. Wo der *easy liberalism* das Selbstverständnis von Menschen prägt, da nehmen ethische Konflikte üblicherweise die Form an: «Wer hat das Recht, mündige Individuen daran zu hindern, x zu tun?» So kommt es, dass die ethischen Fragen, die so unterschiedliche Praktiken wie Suizidbeihilfe, Präimplantationsdiagnostik, Leihmutterschaft oder Prostitution aufwerfen, allesamt primär unter dem Aspekt diskutiert werden, inwiefern in das Selbstbestimmungsrecht von Einzelnen eingegriffen werden darf. Und die liberale Standardantwort darauf ist immer negativ.

Nun ist an dieser Stelle eine Differenzierung wichtig, und wir müssen zu diesem Zweck einen kurzen Ausflug in die Geistesgeschichte unternehmen, und zwar zu John Stuart Mill, der mit seinem «Schadensprinzip» (*harm principle*) zu den Gewährsleuten der *easy liberals* gehört. Mills Prinzip aus seinem Freiheitstraktat besagt, dass die Selbstbestimmung des Einzelnen nur dann beschränkt werden darf, wenn meine Handlungen anderen Menschen Schaden zufügen. Der Kontext ist dabei die Frage, wann die Ausübung staatlichen Zwangs legitim ist, und dafür reicht nach Mill Selbstschädigung nicht aus. Soweit meine Handlungen nur mich selbst betreffen, bin ich als Individuum souverän. Über seinen Körper und Geist ist das Individuum König. Somit ist «der einzige Zweck, um dessentwillen man Zwang gegen den Willen eines Mitglieds einer zivilisierten Gemeinschaft rechtmäßig ausüben darf, der [...]: die Schädigung anderer zu verhüten»[4].

3 «An easy Humanism plagues the land; I choose to take an otherwordly stand.» (John Updike, *Midpoint and other poems*, New York 1969), zit. nach Joas, *Glaube* (wie Anm. 1) 8.

4 John Stuart Mill, *Über die Freiheit*, Stuttgart 1988, 16.

Nun mag für das Schadensprinzip als politisches bzw. juridisches Prinzip einiges sprechen. Nicht zuletzt aus der Sichtweise einer protestantischen Ethik des Politischen liesse sich manches zu seiner Verteidigung anführen, etwa dies, dass der Zweck einer politischen und rechtlichen Ordnung ja primär ein negativer sei, nämlich dem Bösen zu wehren und ein einigermassen gedeihliches Zusammenleben unterschiedlichster Menschen zu ermöglichen. Es geht mir daher auch nicht darum, das Schadensprinzip in Bausch und Bogen zu verwerfen. Zu kritisieren ist aber, dass das Schadensprinzip im *easy liberalism* faktisch in den Rang eines moralischen Generalprinzips aufgestiegen ist. Aus dem Prinzip, dass staatlicher Zwang nur legitim ist, wo andere manifest geschädigt werden, wird so der Grundsatz, dass Entscheidungen des Individuums prinzipiell in Ordnung sind, solange sie niemand anderen schädigen. «Du bist ok, und was du tust, ist auch ok – ausser es tut anderen weh», so könnte man das Lebensgefühl im *easy liberalism* charakterisieren. Es wäre geradezu *moralisch* anstössig, ein Individuum dafür zu kritisieren, dass es etwas tut, was nur es selbst angeht. Erst so verstanden wird das Schadensprinzip zum eigentlichen *conversation stopper* in öffentlichen ethischen Diskursen. Und in allen Fragen, die das gute Leben des Einzelnen und der Gemeinschaft betreffen, behält das Recht auf Selbstbestimmung das letzte Wort.

Das Individuum ist nun nämlich tatsächlich zum Souverän aufgestiegen, der niemandem Rechenschaft schuldet – weder Gott noch seinen Mitmenschen, aber eben auch nicht sich selbst bzw. dem, was Kant das «moralische Gesetz in mir» nannte. Jene Autonomie, in deren Namen ein Recht auf Suizid vorgebracht wird, hat denn auch mit der von Kant so hoch gepriesenen kaum mehr etwas zu tun. Kant verstand unter Autonomie bekanntlich die Fähigkeit des Menschen, sich selbst vernünftig, d. h. moralisch zu bestimmen, und diese Freiheit ist gerade keine Willkürfreiheit, sondern sie zeigt sich in regelhaftem, sich im Einklang mit dem Sittengesetz vollziehendem Handeln, das in einer Art moralischer Selbstverpflichtung gründet. Auf Kant und sein Konzept von Autonomie wird sich also nicht vorschnell berufen können, wer unter Autonomie primär ein durch keinerlei andere Erwägungen begrenztes Recht der Verfügung über das eigene Leben versteht.

Dieser Punkt lässt sich vertiefen. Kants Betonung der Autonomie bedeutet ja ein Insistieren auf einer anspruchsvollen Art von Innensteuerung, der nur Menschen fähig sind. Der *easy liberalism* macht es sich an dieser Stelle also gerade in ethischer Hinsicht zu leicht. Selbstverständlich hat die Frage, ob andere Menschen das Recht haben, mich notfalls mit Gewalt an etwas zu hindern, moralisches Gewicht. Aber selbst wenn ich zur Antwort gelange, dass das in einer spezifischen Sache *nicht* der Fall ist, ist damit die genuin ethische Frage, ob ich die entsprechende Handlung auch tun soll, noch nicht beantwortet. Andere dürfen mich vielleicht nicht mit Gewalt daran hindern, mir ein Nazi-Tattoo stechen zu lassen, aber ob es moralisch richtig oder nur schon eine gute Idee ist, das zu tun, steht auf einem völlig anderen Blatt. Hier kommt nun erst jene tiefere Schicht von Moralität zum Vorschein, bei der es nicht als erstes um meine Rechte und die Pflichten der anderen geht, sondern um die Frage, was ich als das konkrete Individuum, das ich bin, *tun soll*. Der *easy liberalism* trivialisiert und veräusserlicht das, worum es beim Phänomen des Ethischen geht, indem er alle moralische Energie auf den Schutz des Selbstbestimmungsrechts des Individuums verwendet. Die Moral schrumpft regelrecht zusammen auf dieses eine Verbot, den Einzelnen in seinem Recht auf Selbstbestimmung zu behindern. Was der Einzelne dann mit seinem Recht auf Selbstbestimmung anfängt, wird jeder moralischen oder ethischen Beurteilung entzogen. Es entsteht so etwas wie eine moralfreie Lagune rund um das mit sakralem Pathos aufgeladene Selbstbestimmungsrecht des Einzelnen.

2 Die Optik der Liebe

Aber was hat dies alles mit dem christlichen Liebesethos zu tun? Ein erster Zusammenhang hat mit dem eben Geschriebenen zu tun: Jener Geist der Liebe, um den es in der christlichen Ethik zentral geht, ist einer, der die Wahrnehmung der Wirklichkeit färbt und prägt. Das hat nun unmittelbare Auswirkungen auf die Art und Weise, wie auch in der Ethik Situationen beschrieben werden und das so genannte ethische Problem formuliert wird. Der Geist der Liebe ist einer, der genau auf die Welt hinschaut, und ist insofern besonders sensibel für jene Art von Verzerrungen, die z. B. durch die Herrschaft falscher Alternativen hervorgerufen werden. Die Liebe ist also falsch bestimmt als ein alternatives moralisches Prinzip, das auf derselben Ebene wie das Autonomieprinzip ins Spiel gebracht wird. Die Liebe ist dem christlichen Verständnis zufolge vielmehr bereits auf der Ebene der Zugangs zur Realität präsent: Die Liebe ist eine Optik. Eine christliche Ethik in diesem Geist wird also immer eine sein, die nicht unkritisch jene Beschreibungen dessen, was «das moralische Problem» ist, akzeptiert, sondern nach einer differenzierten, der Wirklichkeit angemessenen Auffassung der vielschichtigen ethischen Problematik strebt. Im Fall von Suizid und Suizidbeihilfe heisst das: Eine Ethik im Geist der Liebe wird sich nicht auf der allgemeinen Ebene der Alternative «moralisch richtig» oder «moralisch falsch» bewegen, sondern sich sowohl für eine Sicht einsetzen, die der lebensweltlichen Bedeutung und dem Gewicht des Phänomens zukommt, als auch für rechtliche und gesellschaftliche Rahmenumstände, die es erlauben, den jeweiligen Fall *als Einzelfall* zu behandeln. Denn die Liebe betrachtet nicht nur einzelne *Menschen* als unverwechselbare und unendlich wertvolle Individuen, sondern ist auch dem Blick auf Situationen in ihrem Einzelfallcharakter verpflichtet. Mit dieser Bedeutung der Liebe als einer Art methodischer «Metaorientierung» ist aber ihre Bedeutung für die zu besprechende Thematik noch keineswegs erschöpft.

3 Der Primat von Liebe als Caring

Verfolgt man die Diskussionen um die Suizidbeihilfe in der Schweiz, so sind diese insbesondere instruktiv, weil in ihnen ein bestimmtes Bild menschlichen Zusammenlebens besonders deutlich und «ungefiltert» zum Ausdruck kommt: Menschen erscheinen hier als Individuen ohne konstitutive Beziehungen zueinander. Menschen sind lauter souveräne Herrscher über ihr subjektives Reich. Ich behaupte, dass auch ein grosser Teil des Mainstreams philosophischer Ethik dieser einseitigen Sichtweise menschlichen Daseins und Zusammenlebens verhaftet ist. So überrascht es nicht, dass es ein Philosoph war, der mir bei einem Mittagessen erklärte, wie klar es doch sei, dass grundsätzlich jeder Mensch jederzeit das Recht habe, seinem Leben ein Ende zu setzen. Diskutabel seien einzig die Fälle von Eltern unmündiger Kinder, aber selbst in diesem Fall gäbe es kein entsprechendes Recht von Kindern, bei ihren leiblichen Eltern aufzuwachsen.

Das ist *easy liberalism* in Reinkultur. Im Zentrum steht unbestritten das mündige Individuum, das das Recht hat, mit seinem Leben anzufangen, was es will. Die anderen dürfen von mir in positiver Hinsicht gar nichts erwarten, und ich darf von ihnen vor allem erwarten, dass sie mich in Ruhe lassen. Ein beispielloser Triumph der negativen Freiheit. Diese Position ist nicht nur in normativer Hinsicht unbefriedigend, sie steht auch auf wackligen sozialontologischen Beinen: Menschen sind schlicht nicht unverbundene Selbstbewusstseinszentren, die erst in zweiter Linie miteinander verbunden sind und einander etwas angehen. Das wird zumindest eine Ethik behaupten müssen, in der die Liebe eine zentrale Bedeutung hat. Die Herausforderung besteht darin, ein anderes Bild der *conditio humana* zu zeichnen, ohne das partielle Recht eines Ethos der negativen Freiheit zu leugnen. Noch längst vor der Debatte um Liberalismus und Kommunitarismus und auch noch vor jenen Zeiten, als die Idee der sozialen Konstitution des Individuums oder Begriffe wie Alterität in Mode waren, hat der dänische Philosoph und Theologe Knud Ejler Løgstrup in seinem Klassiker «Die ethische Forderung» die Verwobenheit menschlicher Existenzen als «Interexistenzial» – als ein Strukturmoment menschlichen Daseins – herausgearbeitet. Mögen wir auch in der Illusion leben, wir seien unverbundene Atome und unsere Leben streiften sich höchstens dann und wann, so verhält es sich in Wahrheit doch grundlegend anders. Menschen sind gewissermassen immer schon emotional aneinander gebunden und miteinander verbunden, was sie auf vielerlei Weise verwundbar macht. Und diese emotionale Verwobenheit menschlicher Leben bedeutet, dass wir, ob wir es wollen oder nicht, immer ein Stück des Lebens des anderen in unserer Hand haben. Das, was Løgstrup die «ethische Forderung» nennt, besteht nun gerade darin, diese unsere Macht über den anderen zu seinem Vorteil zu gebrauchen und sie nicht auszunutzen. Auf höchst originelle Weise verankert Løgstrup so das Liebesgebot – denn um nichts anderes handelt es sich bei der Forderung, sich um den anderen zu kümmern und zu seinem Besten zu handeln – in der Struktur menschlicher Sozialität. Die so verstandene Liebe stellt sich damit zugleich als jene Einstellung heraus, die der Tatsache der wechselseitigen Verwobenheit unserer Existenzen entspricht.

4 Autonomie im Kontext

Løgstrup ist nun weit davon entfernt, den Respekt vor der Autonomie für unwichtig zu erklären, aber er ordnet diese in eine Gesamtsicht ein, die eben nicht nur mangelnden Respekt vor der Autonomie des Gegenübers als Problem sehen kann, sondern auch «Gleichgültigkeit, die unter dem Deckmantel der Achtung vor dem Leben und der Welt des anderen auftritt»[5]. Der *easy liberalism* mit seiner Hypersensibilität für Paternalismus ist dagegen auf diesem zweiten Auge blind. Für ihn sind Beziehungen und damit auch Verpflichtungen, die in diesen vielfältigen Beziehungsrealitäten verankert sind, bestenfalls sekundär, schlimmstenfalls gar nicht existent. Menschen haben erst einmal nichts miteinander zu tun und zu schaffen. Deshalb habe ich das Recht, mit meinem Leben anzufangen, was ich will, es sei denn, ich trete gewissermassen aus dem Kokon meines Lebens heraus und füge anderen Schaden zu.

Dieses Ethos ist beziehungsblind und gerade im Hinblick auf Beziehungen, die auf Loyalität und wechselseitige Verbundenheit angewiesen sind, desaströs. Das Grundprinzip einer Beziehungsethik im Geist des *easy liberalism* lautet: Wenn ich gehen will, muss der andere mich loslassen. – Auch hier fehlt wieder der Aspekt der Selbstverpflichtung, diesmal in Form der Treue zu sich selbst und der Treue zum Anderen, an den ich im gleichen Mass gebunden bin wie ich mich an ihn gebunden habe. In diesem «Ja, ich bleibe bei dir» liegt auch eine

5 Knud Ejler Løgstrup, *Die ethische Forderung*, Tübingen 1959, 25.

Anerkennung der Abhängigkeit vom anderen, die aber gerade keine schlechte, problematische Abhängigkeit sein muss, sondern im Gegenteil Ausdruck von Freiheit und Stärke sein kann. Im Gegensatz dazu verlagert der *easy liberalism* die Moralität ganz nach aussen, auf den anderen nämlich, der nicht das Recht hat, über mich zu verfügen und «mich festzuhalten». Dieser Imperativ des Loslassens scheint mir ein Zeichen unserer Zeit zu sein. Auch hier wieder ein ähnliches Phänomen: Angesichts der langen Geschichte der moralischen Verurteilung z. B. von Scheidungen mag es nachvollziehbar sein, die Entmoralisierung solcher Phänomene zu propagieren. Aber wird nicht auch hier das Kind mit dem Bade ausgeschüttet? Werden nicht auch hier – ganz ähnlich wie im Fall des Suizids, aber auch in jenem des Schwangerschaftsabbruchs – manche Aspekte der fraglichen Phänomene, die auch in ethischer Hinsicht von Bedeutung wären, einfach ausgeblendet? Natürlich kann es auch hier nicht um eine einfache «Remoralisierung» und um ein Verbot oder eine moralische Ächtung von Trennungen gehen. Aber wäre nicht auch hier das Hohelied der Freiheit und Selbstbestimmung um andere Stimmen zu ergänzen – jene von Treue und bedingungsloser Fürsorge etwa –, die aber im Chor des *easy liberalism* notorisch überstimmt werden?

Das Muster, das ich hier zu artikulieren versuche, konfiguriert auch viele Debatten um die Suizidbeihilfe: Ein guter Partner ist einer, der lernt, den anderen gehen zu lassen. Die Pathologie wird einseitig auf der Seite desjenigen gesehen, der sich «zu stark» gebunden hat und der «nicht loslassen» kann. (Genau gleich übrigens wie im real existierenden Kapitalismus, in dem wir leben, ein übermässig Trauernder, der nicht innert nützlicher Frist wieder arbeitsfähig ist, «krank» ist, nicht aber der, der zu tiefer Trauer gar nicht fähig ist.) Das unbezweifelbare Recht, Beziehungen aufzukündigen, wenn die Rechnung für mich nicht mehr aufgeht, bringt es mit sich, dass Loslassenkönnen eine Tugend wird.

Ist es ein Zufall, dass gerade in der Zeit, in der dieser Text entsteht, in der Schweiz eine Suizidbeihilfeorganisation die Debatte um den «Bilanzsuizid» lanciert hat? Gemeint ist damit, dass propagiert wird, dass auch Menschen, die nicht terminal krank, sondern (z. B.) einfach «lebensmüde» sind, das Recht haben sollen, mittels einer Suizidbeihilfeorganisation aus dem Leben zu scheiden. Sprechend ist bereits die Bezeichnung «Bilanzsuizid», die exakt diesen kalkulierenden Blick auf das Leben verrät, den ich soeben im Blick auf Partnerschaften herausgestellt habe: Wenn die Bilanz nicht mehr stimmt, habe ich das Recht zu gehen; und niemand hat das Recht, mich daran zu hindern. Das gilt gleichermassen in Bezug auf den Lebenspartner, der nicht mehr genug «bringt», wie in Bezug auf das mühsam gewordene Leben, das nicht mehr genügend positive Erlebnisse einbringt. Auffällig ist, dass dieser Einstellung jedes Moment einer «eingebauten Verpflichtung» fehlt, die etwa für Kierkegaard die christliche Nächstenliebe unterscheidet von der Liebe, wie der Dichter sie preist. Mit letzterer Form ist Liebe als ein bestimmter psychischer Zustand gemeint, der kommt und geht. «Ich liebe sie einfach nicht mehr», sagt der Teenager, und er spricht von der eigenen Liebe als von etwas, das einfach aufgehört hat, ohne sein eigenes Zutun. So wie das Traurigsein oder der Schmerz einfach weggegangen sind, so auch die Liebe. Aber der Nächstenliebe ist – wie niemand stärker eingeschärft hat als Kierkegaard – das Moment der Pflicht eingeschrieben, und dieses Moment soll auch alle partikularen Formen der Liebe transformieren. Man soll also auch die Ehefrau *als Nächste* lieben, genau so wie man seinen Freund, seinen Feind, aber eben auch *sich selbst* als Nächsten lieben soll.

Die Nächstenliebe ist so eine Grundeinstellung, die es verbietet, einen Menschen von dieser liebevollen Aufmerksamkeit für ihn in seiner Singularität *auszuschliessen*. Nächstenliebe ist eine Grundeinstellung der Sorge und Fürsorge für den anderen, wer auch immer er sei. Genau eine solche Einstellung hat Løgstrup im Blick, und dass sie für den Menschen die Form eines *Sollens* annimmt, hat genau wie bei Kant den Sachgrund darin, dass wir Menschen eben Wesen sind, die nicht nur aus einem guten Willen bestehen, sondern bei denen eben starke subjektive Hindernisse wirksam sind, die uns je und je darin hindern, unser mehr oder weniger gutes Wollen auch praktisch werden zu lassen. Wir sind eben notorisch träge und gleichgültig und uns (nicht nur im Zweifelsfall) selbst am nächsten. Aber etwa im Falle der Liebe von Eltern für ihre Kinder liegt – wenn alles gut geht – gerade ein Fall vor, in dem mit der Fürsorge für den Anderen auch das eigene Leben gelingt. Hier nimmt das «richtige» Handeln nicht den Charakter eines Müssens an. Das Kind wird als Geschenk wahrgenommen, das das eigene Leben bereichert. Die Zumutung des Nächstenliebegebots besteht nun darin, auch im Fremden, mit dem mich weder Verwandtschaft noch gemeinsame Interessen verbinden, einen Menschen zu sehen, der mich etwas angeht und genauso ein Kind Gottes ist wie meine Tochter.

5 Ein anderer Blick auf die Suizidbeihilfethematik

Løgstrup schrieb zu einer Zeit, als der Ausdruck Angewandte Ethik vermutlich noch gar nicht erfunden war, und ihm lag eine solche anwendungsorientierte ethische Reflexion, die, als Dienstleistung betrieben, dabei helfen soll, gesellschaftlich-ethische Konfliktsituationen auf möglichst unparteiliche und weltanschaulich nicht imprägnierte Weise zu lösen, denkbar fern. Dennoch – oder vielleicht gerade deshalb – macht sein fundamentalethisches Nachdenken einen erheblichen Unterschied für die Wahrnehmung eines «ethischen Problems» wie der Beihilfe zum Suizid. Insbesondere fällt von Løgstrups Analyse der Interdependenz menschlichen Daseins her ein kritisches Licht auf das, was wir die atomistische Sozialontologie des *easy liberalism* nennen können, die Thesen nämlich, dass wir Menschen primär beziehungslose Individuen sind und dass das wichtigste moralische Faktum jenes ist, dass wir das natürliche Recht haben, über unser Leben und unseren Körper unbedingt zu verfügen. Das primäre ethische Datum ist nicht dieses Abwehrrecht, so bedeutsam es sein mag, wenn es um körperliche Übergriffe oder andere Beeinträchtigungen der leibseelischen Integrität eines Menschen geht. Das primäre ethische Datum ist die Tatsache, dass der andere mich vor einen Anspruch stellt, dem ich gerecht werden muss. Der andere, der mich mit der ethischen Forderung konfrontiert, kann *irgendjemand* sein. Es kann sich um den anderen handeln, der sterben will, und der mich darum bittet, ihm dabei zu helfen. Der andere kann aber auch der Arzt sein, den ich darum bitte, mir doch beim Suizid behilflich zu sein, oder es können die Angehörigen und Bekannten sein, denen ich «nicht zur Last fallen will». Zentral ist, dass in all diesen menschlichen Begegnungen ein Anspruch steckt, der nach einer Antwort – dem Wahrnehmen von Verantwortung – ruft und bei dem nicht zum Vornherein und nicht unabhängig von mir feststeht, was es hiesse, diesem Anspruch gerecht zu werden.

Es ist das Wesen interpersonaler Beziehungen, dass sie nicht auf Dienstleistungsbeziehungen zu reduzieren sind. In der Gefahr, genau diese Reduktion zu befördern bzw. abzubilden, steht aber der *easy liberalism*, indem er die Situation der Suizidbeihilfe reduziert auf ein Verhältnis von Kunde und Dienstleister, wobei natürlich auch hier der Kunde König ist. Aber erstens geht es nicht um eine x-beliebige Dienstleistung, sondern um eine per definitionem irreversible und eine mit beträchtlichem Gewicht für das soziale Gefüge, in dem Menschen ihr Leben leben. Und zweitens ist wie bei jeder zwischenmenschlichen Situation, in der einer etwas von einem anderen will, ein nicht-delegierbarer «Überschuss» vorhanden, den wir ganz prosaisch mit dem Stichwort «Verantwortung» markieren können. Denn wie Løgstrup betonte, ist die ethische Forderung «stumm», und «[d]er einzelne, an den sie gerichtet ist, muss selbst von Fall zu Fall entscheiden, worauf sie ausgeht»[6]. Der Adressat der Forderung kann sich eben gerade nicht darauf zurückziehen, dass der andere das ja ausdrücklich gewünscht habe und er nur auf den Wunsch des anderen hin gehandelt habe.

Nehmen wir als Beispiel die Frage der Suizidbeihilfe an psychisch Kranken. Dieselbe Suizidbeihilfeorganisation, die das Thema des Bilanzsuizids offensiv propagiert, hatte bereits Jahre vorher festgestellt, dass Menschen mit psychischer

6 Løgstrup, *Forderung* (wie Anm. 5) 23.

Krankheit nicht von der Inanspruchnahme von Suizidbehilfe ausgenommen werden sollten. Sie sollten in dieser Hinsicht nicht diskriminiert werden. Was mir problematisch erscheint, ist wiederum nicht, dass die Frage überhaupt diskutiert wird, denn es ist unbezweifelbar, dass etwa das Leiden von Psychotikern mit infauster Prognose jenem von somatisch Kranken keineswegs nachsteht. Das Problem scheint mir eher zu sein, *wie* die Thematik diskutiert wird, nämlich ohne Sinn für die Tragik dieses Leidens und ohne jede Sensibilität für den sozialen und kulturellen Kontext, in dem die Forderung nach Freigabe der Sterbehilfe erhoben wird. Letzteres schliesst die Abstraktion von allen historischen Bezügen ein und somit von der langen Geschichte der Diskriminierung der betroffenen Menschen. Abstrahiert wird aber auch von der Tatsache, dass die Ausgrenzung und Stigmatisierung von Menschen mit psychischer Krankheit auch in unserer Zeit traurige Realität ist. Wenn wir nun mit Løgstrup auf das Faktum verweisen, «dass der einzelne mit zur Welt des anderen gehört»[7], so schliesst das eine Sensibilität für die Besonderheit der Situation des anderen ein. Zugespitzt formuliert: Wenn ein extrem Unterprivilegierter sich aufgrund der Hoffnungslosigkeit seiner Lage das Leben nehmen möchte, so scheint es zynisch, wenn Privilegierte die Ansicht äussern, dieser arme Tropf habe selbstverständlich das Recht, seinem Leben ein Ende zu setzen. Natürlich kann man nicht pauschal sagen, dass wir auch für die Umstände, in denen Menschen einen Suizidwunsch ausbilden, verantwortlich zu machen sind, aber zweifellos ist die Sensibilität für die Kontexte, in denen Menschen diesen Wunsch äussern, ein zentraler Bestandteil einer fürsorgenden Haltung, wie sie der Liebe geschuldet ist. Auf jeden Fall scheint sowohl die in Bezug auf den «Bilanzsuizid» oft ins Feld geführte «Alterseinsamkeit» als auch die äusserst deprimierende Situation von Menschen mit psychischen Krankheiten nicht einfach eine natürliche Tatsache zu sein, für die wir nichts können. Die jeweilige Situation ist zumindest mitkonstituiert durch unsere Gleichgültigkeit, durch einen Mangel an Liebe und Fürsorge.

6 Eine Liebe mit eingebautem Respekt

Damit ist nicht gesagt, dass unsere Verantwortung *grenzenlos* ist. Wir sind nicht für jedes Übel verantwortlich. Für die Tatsache etwa, dass es eine Krankheit wie die Schizophrenie gibt, sind wir Menschen nicht verantwortlich zu machen. Das ist deshalb wichtig zu betonen, weil gerade Medizinerinnen und Mediziner meiner Erfahrung nach oft dazu neigen, das Mass unserer Verantwortung in diesem

7 Ebd.

Bereich zu überschätzen. Unsere Verantwortung ist aber noch in anderer Hinsicht begrenzt. Meine Sorge um den anderen findet ihre Grenze nämlich an der Tatsache, dass der andere wie ich eine Person und ein Individuum ist. So darf ich nie den Willen des anderen manipulieren. Die liebende Sorge um den anderen, die nach dem Gesagten ethisch basal ist, ist eine, die den Respekt vor dem anderen als Person nicht ausschliesst, sondern vielmehr in sich eingebaut hat. Von hierher ist auch die weit verbreitete Entgegensetzung von Liebe und Respekt an diesem Punkt zu korrigieren, wenn Liebe im «weltlichen» Sinn verstanden wird, als eine höchst partikulare affektive Einstellung, die wir weder jedem Menschen schulden noch entgegen bringen. Die Liebe wird dann in menschlichen Nahbeziehungen situiert, in Eltern-Kind-Beziehungen, in Partnerschaften, in Freundschaften. Ihre Bedeutung für die Ethik ist dementsprechend gering, weil es hier nach gängigem Verständnis gerade um das geht, was wir allen Menschen und nicht nur einigen wenigen schulden. Aber erstens hat die Nächstenliebe gerade einen universalen Fokus. Die Pointe der Samaritergeschichte ist ja gerade, dass sie jeden Versuch korrigiert, den Begriff «Nächster» zu definieren und somit eine Klasse von Menschen festzulegen, die unserer Liebe würdig ist. Denn die Kehrseite eines solchen Unterfangens ist bekanntlich immer, dass eine Klasse von Menschen (oder anderen Wesen) konstituiert wird, um die wir uns mit gutem Gewissen *nicht* zu kümmern brauchen. Die Nächstenliebe ist aber nicht nur universal, sondern sie ist zweitens auf den Einzelnen in seiner Singularität gerichtet. So schliesst die Nächstenliebe gerade den Respekt, ja, die Ehrfurcht vor dem anderen in seiner unabhängigen Realität und seiner leibseelischen Integrität mit ein. Nächstenliebe konstituiert eine *Verbundenheit* unter Menschen, aber eine, die den Gedanken der «Selbst-Ständigkeit» jedes Einzelnen nicht aufhebt, sondern vielmehr in sich aufgenommen hat. Den anderen zu lieben wie sich selbst, heisst also gerade, in ihm eine Person zu sehen und seine Personalität zu achten. Diese Liebe schliesst den Wunsch ein, dass der andere *gerecht* behandelt wird, von mir, aber auch von anderen, und sie begründet also eine besondere Zuwendung zu jenen, denen die ihnen gebührende Achtung verweigert wird.

Nächstenliebe als diese Grundeinstellung zum anderen steht so nicht nur in einem Gegensatz zu Hass und Gewalt, sondern genauso zu einer allgemeinen Einstellung der Desinteressiertheit, auch wenn diese sich ins Gewand von Toleranz und Respekt vor den Rechten des anderen kleidet. In die Nächstenliebe eingebaut ist also ein *genuiner* Respekt vor dem anderen, der aus einer Haltung der Zugewandtheit zu ihm gespeist ist: Gerade *weil* mir am anderen liegt, respektiere ich seine Integrität, Autonomie und Selbstverantwortung.

7 Der supra-ethische Charakter der Liebe

Ich möchte nun zum Schluss zeigen, dass diese Einstellung der Nächstenliebe einem Laisser-faire-Liberalismus nicht zuletzt darin überlegen ist, dass sie artikulieren kann, warum das Individuum diesen unendlichen Wert hat, der jene Ansprüche begründet, die der *easy liberalism* einfach voraussetzt. Es gehört nämlich zu dessen bemerkenswerten Eigenschaften, dass er jede Begründung dafür schuldig bleibt, warum die Autonomie – und damit z. B. auch die autonome Entscheidung jedes Einzelnen, seinem Leben ein Ende zu setzen – überhaupt dieses konkurrenzlose moralische Gewicht haben soll. Das Christentum hat eine distinkte *Story* anzubieten und somit einen Deutungshorizont, in dem jeder einzelne Mensch von unschätzbarem Wert ist, weil er oder sie ein Kind Gottes ist. Dieser Wert ist unendlich oder unschätzbar, weil er sich nicht verrechnen lässt mit anderen Gütern oder Werten. Wichtig – gerade auch für die Thematik der Suizidbeihilfe – ist, dass dieser Wert dem jeweiligen Menschen zukommt und nicht seinem Leben als physiologischer Prozess. Es ist also m. E. aus christlicher Warte nicht so, dass menschliches Leben per se «heilig» wäre und dass es also eine generelle Pflicht gäbe, dieses Leben um jeden Preis zu verlängern. Genau so dezidiert ist aber jedem Eindruck zu wehren, als sei der Wert menschlichen Lebens einer, der sich in einer bestimmten Währung – und sei es die von Glücksempfinden – messen und einschätzen liesse. Menschliches Leben wird auch nicht weniger wertvoll, wenn das Mass der Abhängigkeit von anderen steigt.

Vielleicht stossen wir hier auf die tiefste Schwierigkeit, vor der das christliche Liebesethos steht: die Tatsache nämlich, dass die Liebe die Sphäre von Moral und Ethik transzendiert. Die tiefste Ebene, auf der das christliche Ethos mit der Lebensanschauung des *easy liberalism* im Streit ist, liegt diesseits von jener, ob wir uns selber töten dürfen oder nicht. Diese tiefere Ebene betrifft eine bestimmte Einstellung zum Dasein, ja, zur Welt als Ganzer. Auch hier kommt nach christlicher Überzeugung der Liebe eine fundamentale Bedeutung zu, weil das Verhältnis Gottes zu seiner Schöpfung eines der liebenden Zuwendung ist, und die «angemessene» Haltung vonseiten des Geschöpfs eine des Lobs und der Dankbarkeit ist. Aber vielleicht ist das alles schon viel zu formelhaft und zu erlebensfern ausgedrückt. Das Erleben, das ich meine, ist noch gar nichts exklusiv Christliches. Gemeint ist das Gefühl, dass es gut ist, dass diese Welt existiert trotz allem Bösen und Schlechten, das sich in ihr findet; und dass mein Leben mit allem, was es beinhaltet, ein Geschenk ist. Vom Leben als einem Geschenk zu sprechen, gehört einem anderen sprachlichen und lebensweltlichen Register an als dem der Moral, und zwar einem, das man mit Paul Ricœur als «supra-ethisch» bezeichnen könnte.[8] Wenn Wittgenstein kurz vor seinem Tod die Worte «Sage ihnen, dass ich ein wunderbares Leben gehabt habe» aussprach, so bediente er sich dieses Registers, das nach Ricœur enge Bezüge zum Phänomen des Lobens und Preisens aufweist. Dass Wittgenstein sein Leben als «wunderbar» bezeichnete, heisst nicht, dass die Gesamtbilanz von Leid und Freude in seinem Leben zugunsten von Letzterer ausfiel. Vielmehr bringen diese schlichten Worte eine ganz fundamentale Einstellung zum eigenen Leben (und Sterben) und zur Welt als Ganzer zum Ausdruck. Wittgensteins Worte stehen hier exemplarisch für eine Bejahung des Lebens im Angesicht all dessen, was darin nicht gut war. Sie sind damit auch Ausdruck jener fundamentalen Form der Dankbarkeit, die sein Freund und Schüler Rush Rhees im Blick hatte, wenn er schrieb: «It is a matter of being able to thank God for the existence of the world, – no matter what the world is like.»[9] Diese Einstellung der Dankbarkeit für das Leben hat selbst die Form eines Geschenks: Wir können uns selbst nicht willentlich zur Dankbarkeit bestimmen, und folglich können wir sie auch nicht einfordern und zum Gegenstand einer moralischen Verpflichtung machen. Diese Dankbarkeit kann deshalb auch nicht zum Argument gemacht werden, etwa in der Form, dass Gott uns unser Leben geschenkt habe und uns daraus die Pflicht erwachse, unser Leben zu erhalten. Dennoch gilt, was Rhees schreibt: «To be without gratitude is a terrible condition. But I do not know any arguments to help someone fixed by it.»[10]

Dankbarkeit ist eine *antwortende* Einstellung. Sie reagiert auf etwas, das vor ihr da ist. Das ist charakteristisch für das christliche Ethos als eines *responsiven* Ethos, das nicht bei sich selbst anfängt. Im Zentrum des christlichen Ethos steht die Akzeptanz einer fundamentalen Passivität des Menschen: Er ist nicht der Ursprung seiner selbst, und das Höchste, was einem Menschen zustossen kann, ist eine bestimmte Form der Hingabe und des Vertrauens. Glauben heisst – auf den Punkt gebracht – sich jener Macht der Liebe anzuvertrauen, die unser Dasein und unsere Welt im Letzten bestimmt. Gerade in der Preisgabe einer bestimmten Form von Selbstkontrolle und Souveränität kommen wir also mit jener Wahrheit und jenem Geheimnis in Berührung, das wir Gott nennen. Der christliche Glaube sieht somit nicht in jeder Form von Abhängigkeit etwas, von dem Menschen sich frei zu machen hätten. Wahrhaft frei wird der Mensch vielmehr nur, wenn er jene fundamentale Abhängigkeit akzeptieren kann, die in

8 Vgl. dazu Paul Ricœur, *Liebe und Gerechtigkeit*, Tübingen 1990, 43–49.

9 Rush Rhees, *On Religion and Philosophy*, hg. von D. Z. Phillips, Cambridge/NewYork/Melbourne 1997, 164.

10 A. a. O., 161.

der Tatsache begründet ist, dass er Geschöpf und nicht Schöpfer ist. Nirgendwo dürfte uns dies schwerer fallen als beim eigenen Sterben.

Das Ethos des *easy liberalism* dagegen ist eines des souveränen, unabhängigen Menschen. Ein wertvolles und würdiges Leben ist eines, in dem Selbstbestimmung und Selbstkontrolle bis zum Lebensende möglich sind. Die Suizidbeihilfe wird propagiert als Akt der Selbstbestimmung angesichts des «Abgleitens» in einen Zustand der «Vergreisung», d. h. der völligen Pflegebedürftigkeit. Aus christlicher Sicht scheint mir das weniger eine Einstellung zu sein, die moralisch verwerflich ist, als vielmehr eine, zu der es – in diesem supra-ethischen Sinn des Wortes – «bessere» Alternativen gibt, nämlich solche, die der Einsicht, dass die Aufrechterhaltung unserer Selbstkontrolle nicht das Wichtigste ist, auch am Ende des Lebens Ausdruck verleihen. Das ist also, so scheint mir, die tiefste Schwierigkeit für die christliche Theologie: Wie diesem Unbehagen an einem Ethos der Souveränität und der Selbstkontrolle Ausdruck zu verleihen wäre, ohne dass dies unweigerlich als moralistische Verurteilung des Selbstbestimmungswillens von Menschen aufgefasst würde.

Hans Joas hat also ohne Zweifel recht: Das christliche Liebesethos – und mit ihm die christliche Theologie, die es zu explizieren hat – steht vor einer gravierenden intellektuellen Herausforderung; und wenn ich mich nicht irre, so wird diese Herausforderung dadurch verschärft, dass sie eben nicht *nur* eine intellektuelle ist, sondern die Ebene des Lebensgefühls vieler Menschen in einem Land wie der Schweiz betrifft, also deren «In-der-Welt-Sein» ganz unmittelbar prägt. Ich habe versucht, an jenem Bündel von Einstellungen, dem ich den Namen *easy liberalism* gegeben habe, jene «intellektuelle [...] Hegemonie von Werten und kognitiven Annahmen, die das Liebesethos zunehmend unverständlich werden lassen», von der Hans Joas spricht, zu exemplifizieren. Ich bin nun gespannt auf seine Replik.

Glaube und Moderne bei Hans Joas

Ein Kommentar zu Kapitel vier «Modernisierung als kulturprotestantische Metaerzählung»

Georg Pfleiderer

1 Eine Interpretationsthese

Die mir gestellte Aufgabe habe ich so verstanden, dass ich zu den von Hans Joas in seinem Buch[1] «Glaube als Option» insgesamt vorgenommenen Verhältnisbestimmungen von Moderne, Säkularität, Glaube und Moral vor dem besonderen Hintergrund des Protestantismuskapitels (Kap. 4) Stellung nehmen darf. In diesem Kapitel bestreitet Joas dem Protestantismus bzw. insbesondere dem Neuprotestantismus von Schleiermacher bis zur Ritschlschule, der solches für sich oft reklamiert hat, das Recht auf einen exklusiven Modernitätsvorsprung. Darüber hinaus versucht er, die «Theorie der Modernisierung» selbst und als solche als eine «kulturprotestantische [...] Meta-Erzählung» (104) aufzudecken. In diese eingeschlossen sei auch ein bestimmtes Konzept von Religion, Säkularität und Moderne, nämlich eines, das eine bestimmte Form von Religion, eben die neuprotestantische, als Schutz vor einem Umkippen der Moderne in eine enthumanisierende Version moralgefährdender Säkularität empfiehlt.

Im Folgenden will ich, so interessant das wäre, nicht in diese Debatte um die historische Deutung des Neuprotestantismus einsteigen. Stattdessen möchte ich gerne eine hoffentlich konstruktive Interpretationsthese zu Joas' Verhältnisbestimmung von Glaube und Moderne zu entwickeln versuchen. Diese – mehrteilige – These lautet: Bei genauerem Hinsehen bestreitet Joas nicht, dass es möglich und notwendig ist, so etwas wie eine Theorie der Moderne bzw. eine Theorie gesellschaftlicher Modernisierung zu entwerfen. Joas bestreitet auch nicht, dass die Religion in der Moderne bestimmten modernitätsspezifischen Formatierungen unterworfen wird. Joas bestreitet lediglich bestimmte inhaltliche Fassungen der Grossbegriffe Moderne und Religion und bestimmte inhaltliche Fassungen der Verbindung von Religion und Moderne. So verstandene Religion in

1 Hans Joas, *Glaube als Option.* Zukunftsmöglichkeiten des Christentums, Freiburg i. Br. 2012. Die Seitenangaben in Klammern verweisen auf diese Ausgabe.

der Moderne oder moderne Religion ist für Joas, das ist der nächste Teil meiner Interpretationsthese, nicht nur ein empirischer Befund, sondern sie hat für ihn auch normative Bedeutung; er stellt sich selbst in diese neuzeitliche Religions- und Religionstheorietradition hinein.

Wenn man sich Joas' eigene Konzeptionen von Moderne und Religion und ihres Verhältnisses anschaut, dann lässt sich sogar feststellen, das ist der dritte Teil meiner These, dass zum einen «Moderne» und «Religion» sehr eng miteinander korreliert sind. Zum andern und vor diesem Hintergrund ist beim Religionsbegriff festzustellen, dass dieser sehr eng mit dem Christentumsbegriff verbunden ist. Wenn alle diese Beobachtungen zuträfen, dann würde das in der Summe bedeuten – und dies ist in der Tat meine eigentliche These –, dass Joas selbst durchaus als Vertreter einer heutigen, zeitgemässen und kritisch-reflexiven Version neuprotestantischer Theorietradition betrachtet werden kann. Der Ahnherr solcher kritisch-reflexiven Wendungen jener Tradition ist der kritische Kulturprotestant Ernst Troeltsch, der von Hans Joas in besonderer Weise geschätzt wird. Das wäre schon einmal ein kleines Indiz dafür, dass die hier postulierte Deutung nicht ganz danebenliegt.

Will man Joas in dieser Weise verstehen und ideengeschichtlich einordnen, dann ist zum einen daran zu erinnern, dass jene liberale, neuprotestantische Tradition sich selbst in der Regel gerade nicht konfessionalistisch verstanden hat, sondern Angebote für eine zeitgemässe Deutung des Christentums, ja der Religion, überhaupt machen wollte. Darum spielt der Rekurs auf den Religionsbegriff bei den betreffenden Autoren ja eine so grosse Rolle. Zum andern und in gewisser Weise ist auch ohne Weiteres erkennbar, dass Joas' Christentumsverständnis deutliche Einflüsse seiner eigenen katholischen Konfession zeigt; dazu kann man (positiv) die bei ihm häufigen Betonungen der religionskonstitutiven Bedeutung von Kirche und Ritual rechnen und (negativ) die weitgehende Abblendung von – typisch protestantischen – Figuren des Selbstzweifels aus dem Glaubensverständnis. Von der in der protestantischen Theologie des 20. Jahrhunderts so stark betonten Dialektik von Glaube und Angefochtenheit, von Gewissheit und Ungewissheit, von Gesetz und Evangelium, von Angst und Mut, von Offenbarung und Verhüllung ist bei Joas recht wenig zu spüren.

Diese interpretativen Behauptungen sollen im Folgenden an Joas' Buch zu begründen versucht werden. Ich beginne mit seiner Moderne- und Modernisierungstheorie.

2 Zur Konvergenz von Religions- und Modernetheorie bei Joas im Begriff der Kontingenz

Schaut man sich Joas' Modernisierungstheorie an, wie er sie in seinem Buch «Glaube als Option» skizziert, so scheinen sich meiner These allerdings gleich zumindest drei Hindernisse in den Weg zu stellen: Zum einen problematisiert Joas gängige Modernisierungstheorien wie etwa die auf Karl Marx zurückgehende Theorie der Ökonomisierung oder die Theorie funktionaler Differenzierung von Niklas Luhmann (vgl. 114 ff.) und wirft ihnen eine «Fetischisierung der ‹Moderne›» (112) vor. Moderne sei weder einfach bestimmbar als die stetige Zunahme ökonomischer Zweckrationalität noch als funktionale Ausdifferenzierung im Sinne Luhmanns. Moderne sei demgegenüber nur durch offene Beschreibungen «kontingente[r] Beziehungen» (119) im Sinne J. Burckhardts, d. h. durch die Nachzeichnung einer Anzahl numerisch und phänomenologisch offener «variable[r] Prozesse» (119) – Joas nennt sechs: «Ökonomisierung, Bürokratisierung, Demokratisierung, Säkularisierung», aber auch «den sozialpsychologischen Prozess der Individualisierung und die zwischengesellschaftliche Dimension fortschreitender Pazifizierung» (119) – zu charakterisieren. Sie sei also in gewisser Weise nicht auf den Begriff zu bringen. Aber die solchermassen erklärte Vieldeutigkeit der Moderne bezieht sich nur auf ihre phänomenologische Seite, nicht auf ihren genetischen Ursprung. Diesen kann Joas durchaus begrifflich bestimmen, nämlich mit dem Begriff der Kontingenz. Darauf wird zurückzukommen sein.

Das zweite auszuräumende Hindernis für meinen Interpretationsvorschlag ist der naheliegende Einwand, die Konvergenzbehauptung von Moderne und Religion bzw. Glaube (für die ich Joas-interpretatorisch plädiere) sei geradezu absurd, weil sie zu implizieren scheint, dass es vor der Moderne keine Religion bzw. keinen Glauben gegeben habe. Das nötigt zum präzisierenden Hinweis darauf, dass hier wiederum zwischen einer Phänomen- und einer Struktur- oder Begriffsebene zu unterscheiden ist – und zwar in doppelter Weise: «Moderne» ist, so schlage ich in etwas steiler hegelianisierender Diktion als Lesart vor – in Joas' Text sozusagen die begriffene Form von Menschsein, von Dasein;[2] und «Religion» bzw. – und darum lieber – «Glaube» ist die begriffene – nämlich und näherhin: eine bestimmte affirmierende – Weise dieses Begreifens. Anders gesagt: In der (modernen) Religion verhält sich der Mensch in bestimmter Weise zu dieser – begriffenen (d. i. der modernen) – Form des menschlichen Daseins; er

2 Also (etwas ausführlicher gesprochen): die Ära, in der das, was das Spezifikum des Menschseins überhaupt ausmacht, zu einem allgemeinen Bewusstsein kommt.

erfährt sie nämlich als im Grund des Daseins überhaupt, also in Gott, oder im Heiligen, selbst gegründet; – auch darauf wird zurückzukommen sein.

Zu Joas' kontingenztheoretischer Deutung der Moderne: Sie hat, wenn ich recht sehe, zunächst einen methodologischen Sinn. Sie reagiert auf das Problem, dass alle Kulturdeutungen ihrerseits wieder kulturabhängig sind; dies gilt besonders für Deutungen der eigenen Kultur. Und es gilt vor allem dann, wenn man erkennt und sogar darauf abzielt, dass solcher Kulturdeutung nicht nur deskriptive, sondern darüber hinaus normative Kraft inhäriert. Den Ausweg aus diesem doppelten Zirkel versucht Nietzsche mit seinem genealogischen Verfahren; Ernst Troeltsch versucht ihn – analog – mit seiner Theorie der geschichtlichen Wesensbestimmung als konstruktiver Wesens[begriffs]bildung. Ihnen beiden schliesst Joas sich an. Der Kontingenzbegriff ist gewissermassen die auf den Begriff gebrachte Figur dieses Zirkels; denn er wird bei Joas genau auf der Schwelle von menschlicher Erfahrung im allgemeinen und moderner bzw. religiöser Deutung platziert.

Wie ist das gemeint? Menschliches Dasein ist nach Joas, wenn ich ihn recht verstehe, insgesamt bestimmt durch die Kontingenzerfahrung. Nur weil und insofern der Mensch Kontingenz erfahren kann, ist er Mensch. Das unterscheidet ihn von andern Lebewesen. Zugleich erfährt der Mensch als Mensch damit aber die Struktur des Lebens, ja, des Daseins überhaupt. Dasein als solches ist wesentlich kontingent. Das ist gleichsam der metaphysische Grundzug des Kontingenzbegriffs. In allen Kulturen hat der Mensch sich zur Kontingenz des Daseins verhalten. Sofern bestimmte Komponenten hinzukommen, nennen wir (schlägt Joas vor) dieses Verhalten des Menschen zur Kontingenz des Daseins «Religion» oder «Glaube».

Die Komponenten, die, damit das der Fall ist, hinzukommen müssen, sind zum einen formaler Art: Damit Kontingenz religiös erfahren werden kann, bedarf es einer bestimmten Intensivierung der Kontingenzerfahrung. Diese ist gegeben, wo eine bestimmte «Steigerung individueller Handlungsmöglichkeiten» (123) erfahren wird. Von daher würde ich Moderne in Joas' Sinne als «gesteigerte Kontingenzerfahrung» bestimmen, die durch die «Zunahme der Optionen unseres Handelns» (121) bzw. durch die damit verbundene Einsicht in die «Zufälligkeit der Widerfahrnisse in unserem Leben» bestimmt ist. Solche Intensivierungs- und Steigerungsprozesse verlaufen grundsätzlich gewiss wie alle gesellschaftlichen Prozesse allmählich. Und doch setzt sich in diesem empirisch-kontinuierlichen Prozess zunehmend eine Struktur durch, die dann etwas qualitativ Neues bildet. Sie ist dann und damit gegeben, dass zunehmend nicht mehr nur das Dasein selbst als kontingent erfahren wird, sondern auch dessen Deutung, und zwar prinzipiell. Der Vorgang lässt sich datieren: Er passiert in der «Sattelzeit» (123) um 1800. Hier liegt also durchaus – auch bei Joas – eine gewisse historische «Essentialisierung» des Modernebegriffs vor. Er wird dadurch als Epochenbegriff verwendbar und zugleich kulturell partikularisiert. Moderne ist – unerachtet ihrer inneren Vielgestaltigkeit – nicht einfach überall und zu jeder Zeit, wo einzelne jener genannten Prozesse stattfinden, sondern sie beginnt in Europa (und Nordamerika), ab 1800.

In der Sattelzeit wird die Optionalität der Daseinsdeutung bewusst; es beginnt damit auch die Möglichkeit, die Daseinskontingenz religiös oder nicht-religiös zu deuten, es kommt die säkulare neben der religiösen «Option» auf. Erst mit dieser Optionalisierung ist zugleich die religiöse Daseinsdeutung als solche, als prägnante, präsent. Vor der Moderne glaubte man zwar auch schon, nämlich im phänomenologischen Sinne; aber man wusste es nicht (dass man glaubte), weil Glauben und – vermeintliches – (metaphysisches) Wissen noch konvergierten. Erst in der Moderne, also erst im «Zeitalter der [bewussten] Kontingenz» (110), im Zeitalter der Optionalität, glaubt man – bewusst; aber eben gerade nicht (mehr) wissend.

Damit sind wir beim Versuch, Joas zu verstehen, zunächst noch bei einem recht formalen Verständnis von Kontingenzerfahrung und Religion bzw. Glaube angelangt. Über die Bestimmtheit dieser Erfahrung bzw. Deutung ist noch nichts ausgesagt. Diese kommt nun durch den Begriff der «Selbsttranszendenz» (44) ins Spiel. Und zwar geht das, wenn ich recht sehe, so: Indem der Mensch Kontingenz deutend erfährt, tritt er zu sich selbst, nämlich zu seinem unmittelbaren Daseinsvollzug in ein Verhältnis der Selbsttranszendenz. Dieser Vollzug hat eine passiv-aktive Doppelstruktur; er ist zugleich passive Erfahrung und aktive Deutung. Es handelt sich um Erfahrungs-Deutungen und Deutungs-Erfahrungen. Darin liegt begründet, dass er sich, so verstehe ich jedenfalls die betreffenden Ausführungen von Joas, in eine Folge von immer komplexeren Stufungen aufbaut. Deren Erklimmen ist ihrerseits und jeweils ein kontingent-optionaler Akt; man kann die Stufenfolge irgendwann abbrechen; es handelt sich nicht um eine Hegel'sche (Zwangs-)Dialektik der Vernunft. Wegen des grundlegenden Erfahrungsmoments im Deutungselement verschlage – so Joas – die optionale Kontingenz nichts gegenüber dem – subjektiven – Charakter von «Gewissheit» (126) dieser Deutungen; es handle sich eben um «eine Gewissheit, die sich der Kontingenz ihrer Entstehung bewusst ist.» (126, vgl. 148) Diese stellt sich also jeweils dann ein, wenn die für eine Stufe erforderliche Deutungsaktivität wiederum als passive Erfahrung gedeutet werden kann. Es sind, so weit ich sehe, folgende Stufungen (dabei spreche ich verkürzend nur von Erfahrungen bzw. Deutungen) zu unterscheiden:[3]

3 In der Diskussion hat Hans Joas dieser Interpretation widersprochen. Leider vermag ich jedoch nicht mehr, mir seine Argumente für diesen Widerspruch in Erinnerung zu rufen. Er wird sie,

1) Erfahrungen der *Kontingenz* des Daseins, d. h. der Durchbrechung strikter kausaler Determiniertheit der Wirklichkeit als solche; mit diesen Erfahrungen geht die Möglichkeit kreativen Handelns von Menschen einher.
2) Deutungen solcher Erfahrungen der Kontingenz *als* «Erfahrungen der *Selbsttranszendenz*» (44)[4]. Solche Als-Erfahrungen der Selbsttranszendenz nennt Joas auch *Werte*;
3) Deutungen der Erfahrungen der Selbsttranszendenz als Erfahrung des Ergriffenseins von *Unbedingtem*;
4) Deutungen der Erfahrungen des Ergriffenseins von Unbedingtem als «Begegnungen mit *realer Transzendenz*» (153);
5) unterschiedliche Deutungen dieser Begegnungen mit realer Transzendenz im Sinne *verschiedener Religionen/Glaubensweisen.*

Religion bzw. Glauben im prägnanten, nämlich sich selbst begreifenden Wortsinne, gibt es also, wie gesagt, erst im «Zeitalter der Kontingenz» (110), also in der Moderne, die aber dann vielleicht besser «Zeitalter der begriffenen Kontingenz» oder «Zeitalter der Optionalität» heissen sollte; denn Kontingenz als solche, auch erfahrene Kontingenz, war immer, seit es Menschen gibt. Nur wird die Erfahrung der Kontingenz erst in der Moderne reflexiv – und sozusagen epidemisch. Diese erzeugt darum auch eigene strukturelle Bedingungen für den Umgang mit Wertbindungen (religiöser und nichtreligiöser Art), die Joas als «Prozeduralisierung, Wertegeneralisierung und Empathie» (143) bezeichnet; diese beschreiben darum auch die Strukturen neuzeitlicher Religion, namentlich neuzeitlichen Christentums.

3 Zum Verhältnis von Glaube und Moral bei Joas

Joas' interessante Reflexionen über das Verhältnis von Glauben und Moral können hier weder insgesamt noch im Einzelnen rekonstruiert werden. Ich beschränke mich, auf der Basis der vorstehend angestellten Überlegungen, lediglich auf einen Aspekt: Da die einzelnen Stufen der menschlichen Kontingenzerfahrung bzw. -deutung ihrerseits hinsichtlich ihrer Begehung kontingent sind, ist, wie gesagt, nichtreligiöses Deuten der Welt nach Joas als möglich zu denken. Dann ist aber auch von vornherein anzunehmen, dass es eine nichtreligiöse

so hoffe ich, in seiner Replik noch einmal präsentieren. Um die Diskussion an dieser Stelle möglich zu machen, gebe ich hier meine Lesart wieder.

4 Alle kursiven Schreibweisen in den Zitaten gehen auf mein Konto; G. P.

Moral gibt bzw. dass eine solche als möglich gedacht werden muss. Joas geht jedenfalls davon aus. Er sieht Moral in zwei kulturanthropologisch-allgemeinen, nicht spezifisch religiösen Wurzeln begründet: in der Logik von Reziprozität und in den – personbezogenen – Werten (vgl. 63 ff.). In beiden Hinsichten ist sie darüber hinaus integraler Bestandteil der Logik der Moderne als gesellschaftlicher Bewusstseins-Wirklichkeit von Optionalität: Wer um die prinzipielle Optionalität seines Handelns (und Deutens) weiss, weiss immer auch, dass Alternativen ihm – und anderen – grundsätzlich möglich wären; Optionalität ist per se toleranzaffin. Diese Einsicht ist es eben, die die Logik der Reziprozität in Anwendung auf die Erfahrung von Optionalität erzwingt.

In seinem früheren Buch, das an dieser Stelle einschlägig ist, «Die Entstehung der Werte»[5], hat Joas diesen Zusammenhang näher ausgearbeitet. Die Kontingenz der Moralbegründung in der individuell-kontingenten Werterfahrung führe aus dem Grunde nicht zu einem ethischen Relativismus, weil es die Reflexion auf die «anthropologisch-universalen Koordinationsanforderungen des sozialen Handelns»[6] in sich aufnehmen muss. Selbst dort, wo einer solche Werterfahrungen nicht macht oder zu machen glaubt, ist er gehalten, sich der bezwingenden Kraft solcher Reflexion zu unterziehen.

Das ist ziemlich einleuchtend; allerdings wird die Universalisierbarkeit der Moral damit abhängig von der Evidenz jener Reziprozitätslogik. Und diese bleibt der werthaften Überzeugungsseite der Moral zugleich äusserlich. Wie kann, so wäre doch vielleicht zu fragen, am praktischen Akt der Selbsttranszendenz selbst – und nicht nur am Akt sekundärer sich auf dessen Realisierungsbedingungen gerichteter Reflexion – Universalität, also Allgemeinheit, aufgewiesen werden? Aus einer kantischen Sicht gesprochen hat die Ersetzung des Begriffs der praktischen Vernunft im Sinne Kants durch den pragmatistischen Begriff des kreativen Handelns (als die Strukturbestimmung von Optionalität) den Nachteil, dass damit die Allgemeinheitsstruktur aus ihr herausgenommen wird; sie verlagert sich – wiederum kantisch gesprochen – in den äusserlichen Bereich des Rechts. Die rechtliche Freiheit ist jedoch eine, bei der im Unterschied zur moralischen Allgemeinheit nicht als *modus procedendi* der Realisierung der Freiheit selbst, sondern als ein Zwang zu stehen kommt, dem sie sich jedoch aus vernünftiger Einsicht freiwillig beugt.

Die Frage lässt sich auch noch einmal etwas anders wenden. Ich gehe davon aus, dass es das Spezifikum der Religion aus Joas' Sicht ist, dass in ihr das als Werterfahrung beschreibbare Ergriffensein von Unbedingtem in «Begegnungen

5 Hans Joas, *Die Entstehung der Werte* [1997], Frankfurt a. M. 1999.

6 A. a. O., 269.

mit *realer Transzendenz*» (153) gründend erfahren bzw. gedeutet wird. Für Moral dürfte eine solche Realitätsgründung ihrer spezifischen Werterfahrung wohl zunächst nicht angenommen werden. Würde dies zugleich bedeuten, dass – um es in einer an Rudolf Otto angelehnten Sprechweise zu sagen – die moralische Werterfahrung als gewissermassen die religiöse «minus» jener (spezifisch religiösen) Realitätserfahrung anzusehen ist? Würde nicht auch der ‹nur› moralische Mensch sich aufgefordert sehen, nach so etwas wie Analoga religiöser Realitätserfahrung Ausschau zu halten? Kann man sich eine – reflektierte, auf Bestand ausgerichtete – Werterfahrung, d. h. eine Erfahrung der Selbsttranszendenz, überhaupt vorstellen, die nicht von solchen «Begegnungen mit realer Transzendenz» getragen ist?

An dieser Stelle freilich wirkt die hier an die Konsistenz der moralischen Werterfahrung gerichtete Frage zurück auf die religiöse: Die Anforderungen, die an jene «Begegnungen mit realer Transzendenz» zu stellen sind, müsste doch im Kern genau diese sein, dass sie ihrerseits den *Allgemeinheitscharakter* freier Selbsttranszendenz erschliessen. Nicht irgendeine «reale Transzendenz», sondern genau diejenige ist hier gefordert, die solche Allgemeinheit in sich trägt, *quod esset demonstrandum*: Damit scheint die Joas'sche Religions- und Wertphilosophie an dieser – durchaus entscheidenden – Stelle, wie ich meine, ihre Ausweitung zu einer spekulativen Theorie des Absoluten bzw. zur Konzeption eines – diesen Anforderungen genügenden – theologischen Gottesbegriffs zu erfordern.

Glaube als Grösse und Grenze optionaler Moral

Hanspeter Schmitt

1 Glaube und Moral – die Notwendigkeit ihrer Vermittlung

1.1 Biblische Vorgabe und hermeneutischer Zirkel

Die Notwendigkeit, Glaube und Moral bzw. Spiritualität und Praxis zu vermitteln, ist dem Christentum ins «biblische Stammbuch» geschrieben.[1] Die hierin erfahrbare, fest und präsent gehaltene Offenbarung Gottes belegt in sämtlichen Traditionen und Schichten, dass sich Gott als der Gott der Väter und Propheten, des Jesus von Nazaret und der in Christus gegründeten Kirche auf die von ihm geschaffene Welt selbst einlässt: Er wird als Ursprung, Antrieb und Vollender ihrer Geschichte erfahrbar; er nimmt stets Anteil an den Wegen und Regungen aller Lebenden; er freut sich mit ihnen, geht und leidet ihre Pläne und Schicksale mit. Dabei begegnet er den Menschen mit göttlichem Anspruch. Kern dieses Anspruchs und der sich daran entzündenden Kommunikation ist die Ansage der persönlichen, sozialen wie strukturellen Heilung und Befreiung: Gott setzt auf eine Praxis und Weltgestalt, die den Geschöpfen Entfaltung und Glück als Leben in Fülle bringt. Es geht ihm um Moral als den Weg solidarisch wie visionär verwirklichter Freiheit. Sie soll sich schon heute bewahrheiten: im Mühen um «grössere Gerechtigkeit» (Mt 5,20), die die Hoffnungen der anderen und Fremden ins eigene Interesse einbezieht. Sie wird einmal in die Vollendung des Schalom münden, in die uneingeschränkte Lebensfülle alles Geschaffenen. Diesen Schalom von Herzen anzunehmen und so Motive für ein schöpfungsgemässes Tun und Lassen zu gewinnen, gehört zum Wesen des biblisch-christlichen Glaubens.

1 Vgl. exemplarisch: Franz Böckle, *Fundamentalmoral*, München [3]1981, 167–234; Bernhard Fraling, *Vom Ethos der Bibel zu biblischer Ethik*. Versuche zur biblischen Grundlegung der Moraltheologie, Thaur 1998; Marco Hofheinz u. a. (Hg.), *Wie kommt die Bibel in die Ethik?*. Beiträge zu einer Grundfrage theologischer Ethik, Zürich 2011.

Allein das Zitieren biblischer Quellen genügt aber nicht, damit die darin grundgelegte und aufgetragene Vermittlung von Glauben und Moral menschlich angemessen gelingt. Entscheidend sind immer auch Vorverständnisse, die das Denken und Handeln bei der Aneignung und Interpretation der Quellen leiten. Was aktuell, kulturell oder geschichtlich unter Spiritualität, Gott, Religion, Offenbarung auf der einen Seite, unter Gerechtigkeit, Freiheit, Humanität und Praxis auf der anderen Seite verstanden wird, macht den Einstieg in die Quellen und ihre Interpretation möglich, kann aber auch zu ihrer Verfremdung und Funktionalisierung beitragen. Um in diesem hermeneutischen Zirkel nicht ideologisch abgeschottet zu bleiben, sondern produktiv voranzukommen und neue Erkenntnisse auszulösen, bedarf es der bewussten Öffnung des eigenen Verstehens für das Verstehen der anderen. Für die Deutung des besagten Zusammenhanges von Glauben und Moral bzw. Praxis wäre es also wichtig, die jeweils vorliegenden Erfahrungen mit den biblischen Texten und untereinander ins Gespräch zu bringen. Je eingehender sich hierbei das Verstehen und Abwägen ihrer Gründe und Hintergründe gestaltet, desto angemessener wird der resultierende Begriff gläubiger Praxis bzw. praktischen Glaubens sein.

1.2 Unterschiedliche Paradigmen und kommunikative Öffnung

Nicht zu vergessen, weil vorentscheidend, sind zudem Paradigmen des Verstehens. Sie können prägend für Personen, Kulturen oder Epochen sein, lenken deren moralisch-praktische Deutung des Glaubens entlang einer tief eingelassenen, nicht leicht hintergehbaren Logik.[2] So ist z. B. für Texte der Bibel oder der frühen Kirchenväter ein *theistisches* Schema selbstverständlich, demzufolge die Praxis des Menschen sich am direkten Willen Gottes ausrichtet, wobei Weisheit in Form von Erfahrung und Angemessenheit durchaus eine Rolle spielt. Der prägende hochmittelalterliche Entwurf des Thomas von Aquin hingegen operiert *theologisch* wie *rational*: Er geht von einer praktischen Vernunft aus, die mit der göttlichen Ratio und Heilsdynamik verbunden, dadurch aber geradezu befähigt ist, in moralischen Fragen eigenständig, das heisst sach-, erfahrungs- und gewissensgemäss zu urteilen. Demgegenüber hat die antimodernistisch ausgerichtete neuscholastische Logik des 19. Jahrhundert ein *positivistisches* Denken hervorgebracht, weil sie bestimmte sittliche Normen direkt durch Gott und im Rahmen der von ihm geschaffenen Naturordnung begründet sah. Damit aber entzogen sie jene Anteile, die geschichtlich bedingt und durch sie selbst in die Auslegung

2 Vgl. insgesamt: Arno ANZENBACHER, *Einführung in die Ethik*, Düsseldorf 1992; DERS., *Christliche Sozialethik*, Paderborn u. a. 1998.

eingetragen waren, der ethischen Reflexion. Anders *extrem säkulare* Ansätze jüngerer Zeit: Sie halten es für ein lediglich historisches oder zufälliges Phänomen, dass Glaube und Religion Relevanz für das Verständnis bzw. die humane Orientierung und Gestaltung von Welt und Menschsein haben. Selbst wenn Religionen, was offensichtlich scheint, auch künftig zum kulturellen wie persönlichen Leben gehören, sei ihnen dafür keine substanzielle Bedeutung beizumessen.

Diese und andere Paradigmen stellen also Weichen für ein Verständnis dessen, was Glaubenvollzüge und Moral als Wert- und Handlungsorientierung verbindet. Einerseits brauchen Menschen, Kulturen und Epochen solche Schlüssel, um Zugang zum praktischen Denken zu erhalten und ihm eine logische Struktur zu geben. Andererseits ist es für eine humane Praxis zentral, diese Paradigmen transparent und reflexionsfähig zu halten. Sie dürfen sich nicht autoritär gebärden, wenn sie einem besseren Verstehen dienen sollen. Das gilt umso mehr, weil auch sie Ergebnis falsifizierbarer Deutungen menschlicher Existenz – ihrer Wesensmerkmale sowie ihrer kulturellen, sozialen und strukturellen Voraussetzungen – sind. Um Menschen und geschichtlichen Prozessen gerecht zu werden, bedarf es somit auch auf dieser Ebene einer kommunikativen Öffnung, die die Vorverständnisse und Denkschemata durchdringt und unverbrauchte innovative Begegnungen mit aktuellen Realitäten, Lagen und Äusserungen anstrebt. Ziel ist eine beeindruckbare anthropologische Reflexion auf der Basis von Kommunikation und präziser sozialer Wahrnehmung.

1.3 Reflexion bei Hans Joas und neu entstehende Gesprächsräume

Sämtliche Arbeiten von Hans Joas[3] treiben diese anthropologische Reflexion voran. Sie dienen dem Anliegen, produktive Gesprächsräume für ein angemessenes Verstehen wesentlicher Vollzüge des Menschseins zu eröffnen. Joas bahnt die Erneuerung diesbezüglichen Denkens und Deutens besonders dadurch an, dass er «festgefahrene» Begriffe, allzu gewohnte Sichten und sie begleitende, vermeintlich zeitlos geltende Theorien empirisch überprüft und sozialphilosophisch befragt. Entlang der ihnen zugrunde liegenden greifbaren Phänomene kritisiert, relativiert und differenziert er etwa gängige Vorstellungen über die Genese, Lage und Zukunft von Religion, Moderne, Wertorientierung und Glauben. So gestalten sie sich wieder «flüssig», neu auf Realität bezogen und für konstruktivere praktische Entwürfe zugänglich.

3 Für diese Überlegungen kontextuell im Blick: Hans JOAS, *Die Kreativität des Handelns*, Frankfurt a. M. 1992; DERS., *Die Entstehung der Werte*, Frankfurt a. M. 1997; DERS., *Braucht der Mensch Religion?*. Über Erfahrungen der Selbsttranszendenz, Freiburg i. Br. 2004; DERS., *Die Sakralität der Person*. Eine neue Genealogie der Menschenrechte, Berlin 2011.

Besonders sein neuestes Werk «Glaube als Option»[4] macht Joas zum Gesprächspartner für alle, die an der besagten Frage einer Vermittlung religiösen Lebens mit wertbezogenen moralisch-praktischen Vollzügen interessiert sind. Wer bereit ist, den erfahrbaren Tatsachen der Individualisierung und kulturellen Pluralität nicht nur mit Abwehr oder Fatalismus zu begegnen, sondern ihnen für ein Zusammenspiel von Glauben und Moral etwas zuzutrauen, wird das Gespräch mit Joas nicht bereuen.

2 Theologisch-ethische Vermittlungsmodelle im Widerstreit

2.1 «Humanae vitae» (1968) als Auslöser des Vermittlungsstreites

Als ich Anfang der 1980er-Jahre Theologische Ethik studierte, war in diesem Fach eine scharfe Kontroverse im Gange. Es ging just darum, auf welche Weise christlicher Glaube und Moral zusammenhängen: Wie soll man mit der allenthalben beobachteten Moralisierung des Glaubens umgehen, mit dem Fakt also, dass vermehrt normative Forderungen und wertpraktische Appelle die Verkündigung und Vollzüge des Christentums bestimmen? Verfremdet und funktionalisiert dieser Fakt nicht das Wesen biblisch-christlicher Orientierung? Zielt dieses Wesen primär auf Moral und Norm, oder verheisst es nicht vielmehr Gottes gütige Erlösung und Gnade, die erst zur vollen Menschlichkeit befreit? Selbst wenn aus dieser Erfahrung Perspektiven oder Effekte für die Moralgestaltung folgten: Welche anthropologischen Konzepte eignen sich, diesen Vorgang zu verstehen bzw. theoretisch einzuholen, mittels welcher Rationalität lassen sich insbesondere seine normativen Aussagen plausibel machen oder kritisieren? Und bietet der Glaube diesem Feld reflektierter Ethik und gelebter Moral überdies etwas an, was nur durch ihn erreich- und vollziehbar ist und damit als sein ganz eigener Beitrag – als sein Proprium – zu werten wäre?

Anlass dieser Kontroverse war das grosse Entsetzen, das durch die 1968 publizierte Enzyklika «Humanae vitae» ausgelöst wurde. Dieses Entsetzen ergriff nicht allein die Fachleute der Theologie und Ethik, sondern bewegte weite Kreise inner- wie ausserhalb der Kirche und dauert an, auch wenn der einst widerständige Sturm längst einer allgemeinen Distanzierung gewichen ist.[5] Dabei

4 Ders., *Glaube als Option*. Zukunftsmöglichkeiten des Christentums, Freiburg i. Br. 2012.

5 Vgl. Franz Böckle/Carl Holenstein (Hg.), *Die Enzyklika in der Diskussion*. Eine orientierende Dokumentation zu Humanae vitae, Zürich 1968; Ferdinand Oertel (Hg.), *Erstes Echo auf Humanae vitae*, Essen 1968; Franz Böckle (Hg.), *Menschliche Sexualität und kirchliche Sexualmoral*. Ein Dauerkonflikt? Düsseldorf 1977; Peter Hünermann (Hg.), *Lehramt und Sexual-*

wurde wohlgemerkt nicht der gesamte Lehrtext Gegenstand der Ablehnung: Dessen Aussagen über die personale Ausrichtung und Symbolik menschlicher Sexualität und Liebe bzw. über den auch von dort her sich aufbauenden reichen Gehalt ehelicher und familiärer Partnerschaft werten Insider bis heute als grossen Fortschritt kirchlicher Moralverkündigung, der allerdings nur von wenigen zur Kenntnis genommen wurde. Zu wuchtig und unverständlich stand nämlich das Ansinnen im Raum, den Menschen – über diese Wertaussagen hinaus – konkrete Normen ihres Handelns diktieren zu wollen. Dabei lag das Problem nicht in einer, wie oft unterstellt wird, weit verbreiteten Unwilligkeit, Verantwortung zu tragen und humane Qualität anzustreben. Es lag und liegt vielmehr an der Art der Normbegründung und wie mit den Adressaten solcher Moraldoktrinen umgegangen wird. Nicht ihre Erfahrungen, spezifischen Situationen und gründlichen Reflexionen sind letztlich gefragt bzw. werden gewürdigt, sondern ihre Bereitschaft, einem ihnen auferlegten Normenkatalog schlicht Folge zu leisten.

Hinzu kommt, dass die theologisch in Anschlag gebrachte naturrechtliche Argumentation gegen «künstliche» Empfängnisverhütung und jede Form von vor-, ausser- und nachehelicher Sexualitätsgestaltung Mängel hat, daher kaum vermittelbar ist, irrational wirkt und den Eindruck autoritärer Übergriffigkeit verstärkt.[6] In Zeiten diskursiver Rationalität erscheint es ungenügend, ja sogar kontraproduktiv, situative Moralurteile unmittelbar auf der Basis von Glaubensquellen bzw. eines zeitbedingten, lehramtlich präformierten Naturverständnisses fällen und vorschreiben zu wollen.

2.2 Reaktion der Fachvertreter als erste Suche nach anderen Lösungen

Nur wenige theologische Ethiker folgten im anschliessenden, lang dauernden Streit über diese Enzyklika und andere ähnlich gelagerte Lehrtexte deren im Kern neuscholastischen Begründungmustern. Die meisten teilten das Entsetzen und kritisierten diese Linie als inadäquate Moralisierung des Glaubens. Im Gegenzug belegten sie durch eingehende Studien, dass das Christentum nicht zwangsläufig oktroyierend oder verfremdend in sittliche Überzeugungen und

moral, Düsseldorf 1990; Dietmar MIETH, *Humanae vitae – 40 Jahre danach.* Ein Anlass zu Überlegungen, die über die Kontroverse zur Empfängnisverhütung hinausführen, in: Concilium 44 (2008) 111–116.

6 Hierzu jüngst: Stephan GOERTZ, *Naturrecht und Menschenrecht.* Viele Aspekte der kirchlichen Sexualmoral werden nicht mehr verstanden, in: Herder Korrespondenz 68 (2014) 509–514. Grundlegend: Franz BÖCKLE (Hg.), *Das Naturrecht im Disput*, Düsseldorf 1966; Konrad HILPERT (Hg.), *Zukunftshorizonte katholischer Sexualethik*, Freiburg i. Br. 2011.

Urteile eingreift:[7] Wertaussagen und moralische Normen folgen demnach einer praktischen Rationalität, deren Prämissen wissenschaftstheoretisch zu verantworten und mit christlich gewachsenen Erkenntnissen interaktiv zu verbinden sind. Inhaltlich ist diese Rationalität auf die Erfahrung bzw. Interpretation von Menschsein, auf sachliche Voraussetzungen und die Umstände jeweils betreffender Situationen bezogen. Kultur, Vernunft, Diskurs und Gewissen bilden unverzichtbare Medien einer solchen Rationalität.

Auch wenn – was niemand in diesem Streit verneinte – biblische Texte, theologische Traditionen oder kirchliche Personen wichtige Anregungen für die Humanisierung diverser Bereiche persönlichen und gesellschaftlichen Lebens beisteuern: Stets sind solche Impulse rational – über nachvollziehbare Gründe, sachliche Triftigkeit, dialogische Prozesse und konkrete Relevanzen – einzuholen und zu bewahrheiten, um für sittlich, sprich mündig wie selbstbestimmt agierende Zeitgenossen zu einem Angebot werden zu können.

Damit lag eine theologische Ethik vor, die sich als klares Contra gegen jede christlich ideologisierte Form sittlicher Normbegründung verstand. Jedoch reichte diese Abgrenzung allein nicht, um die im Hintergrund treibende Frage der Vermittlung von Glauben und Moral befriedigender zu beantworten, als es zuvor geschehen war. Im Gegenteil wurde den so genannten autonomen Ethikern von der «glaubensethischen» Seite vorgehalten, dass Texte der Offenbarung, Glaubensbezüge und andere explizit christliche Beiträge in ihrer rationalistischen Ethik nur noch marginal vorkämen und besonders für die Normfindung irrelevant seien. Damit aber stünde die genuine Bedeutung christlichen Glaubens für Ethik und Sittlichkeit auf dem Spiel.[8]

2.3 «Christlicher Sinnhorizont» (Alfons Auer) als nicht ausreichendes Modell

Zusammen mit anderen Fachleuten trat damals besonders Alfons Auer (1915–2005) diesem Vorwurf vehement und erfolgreich entgegen. Er bestritt aus Gründen der von ihm breit erörterten Rationalität des Sittlichen, dass das spezifisch christliche Proprium für Humanität und Ethik in positiven, rein christlich hergeleiteten Normen zu finden sei. Stattdessen entwickelte er unter der Formel «Christlicher Sinnhorizont»[9] ein Modell, das die moralische Relevanz des Glau-

7 Vgl. Böckle, *Fundamentalmoral* (wie Anm. 1); Johannes Gründel, *Normen im Wandel*, München ²1984; Wilhelm Korff, *Theologische Ethik*. Eine Einführung, Freiburg i. Br. 1975.

8 Vgl. exemplarisch: Bernhard Stoeckle, *Grenzen der autonomen Moral*, München 1974.

9 Alfons Auer, *Ein Modell theologisch-ethischer Argumentation: «Autonome Moral»*, in: ders. u. a. (Hg.), *Moralerziehung im Religionsunterricht*, Freiburg i. Br. 1975, 27–90, 46. Vgl. auch: ders.,

bens bzw. des Christ- und Kircheseins neu beschrieb und für diese Frage fachlich prägend wurde.

Der Kern dieses Modells besteht in der Einsicht, dass sich die praktische Orientierung und moralische Entschiedenheit eines Menschen nicht nur auf der Ebene gut begründeter Normen ereignen, sondern vor allem durch die Vitalität der ihn treibenden Motive wie durch die Bedeutsamkeit der ihn tragenden existenziellen Sinnkonzepte bedingt sind. Hier – nicht in der Statuierung spezifischer sittlicher Normen! – hätte der christliche Glauben seinen zentralen, ja, unverzichtbaren Beitrag für Moral und Ethik zu leisten. Im Eigentlichen ginge es also um die gläubige Erkenntnis und Annahme der unbedingten Solidarität Gottes zu jedem Geschöpf, um das Bewusstsein seiner nicht verlierbaren personalen Liebe wie seiner geschichtlich mächtigen, einmal vollendeten Heilsdynamik.

Einerseits führt nach Auer dieses Bewusstsein dazu, die Heilsdynamik mit existenzieller Sicherheit und Stärke – Gelassenheit, Motivation, Offenheit und Hoffnung – aufzunehmen und der darin mitgeteilten humanen Fülle konsequent und beherzt auf der Spur zu sein. Andererseits lässt die Ansage der grenzüberschreitenden wie subjektbezogenen Humanität jene, die in Theologie wie Kirche Verantwortung haben, auf Ebene wissenschaftlicher Reflexion ethische Diskurse in genau diesem Format initiieren und vorantreiben. Das Christentum erzeugt folglich nach Auer für die ethisch-praktischen Vollzüge einen unverwechselbaren, doppelten Effekt: Es formt bzw. beantwortet existenzielle Sinnfragen moralisch handelnder Menschen, aber es formt auch – diesem Sinn entsprechend – die Anlage, Ernsthaftigkeit und Transparenz der im Hintergrund stattfindenden Diskurse.

Trotz ihrer Leistung konnte die Theorie Auers das virulente Vermittlungsproblem aber nicht ausreichend lösen.[10] Zwar waren jetzt ethische und theologische Beiträge auf der Normebene voneinander unterschieden und auf der Sinnebene in ein plausibles Verhältnis gebracht. Offen blieb jedoch die Frage, wie dieser christliche Sinn die Akteure, die sich um verantwortliche Lebensqualität bemühen, erreichen wird: Was muss geschehen, damit sich die Botschaft in ihr Welt- und Selbstbild so integrieren kann, dass daraus existenzielle Motivationen

Autonome Moral und christlicher Glaube, Düsseldorf 1971; DERS., *Zur Theologie der Ethik*. Das Weltethos im theologischen Diskurs, Freiburg i. Br. 1995.

10 Erste Anfragen bei: Edmund ARENS, *Glaube und Handeln aus handlungstheorethischer Sicht*, in: Walter LESCH/Alberto BONDOLFI (Hg.), *Theologische Ethik im Diskurs*. Eine Einführung, Tübingen/Basel 1995, 25–43; Hans HIRSCHI, *Autonome Moral und christliche Anthropologie*, in: ebd., 97–119. Vgl. auch: Hanspeter SCHMITT, *Vom Menschen her*. Voraussetzungen und Anhaltspunkte einer theologisch-ethischen Anthropologie, in: DERS./Klaus BIEBERSTEIN (Hg.), *Prekär*. Gottes Gerechtigkeit und die Moral der Menschen, Luzern 2008, 58–69, 66–69.

und eine weltanschauliche wie spirituelle Einhegung ihres humanen Handelns entstünde?

Auer selbst war aufgrund seiner christlichen, im katholischen Milieu integral gestützten Sozialisation von der christlichen Botschaft ganz beseelt und getragen. Um diese existenziell wie moralisch tragende Wirkung auch für andere zu erreichen, sah er die christliche Katechese, Moral- und Religionspädagogik am Zuge. Er berücksichtigte aber zu wenig, dass allein dadurch der Wegfall biografischer, soziologischer und kultureller Bedingungen, die für ihn lebensweltlich noch bestanden, nicht zu kompensieren ist. Auer hatte die christliche Sicht und Symbolik «mit der Muttermilch» aufgesogen, so dass sie ihm in «Fleisch und Blut» übergegangen war. Sie war für ihn der klimatische Horizont tiefer Beheimatung, der seine Identität existenziell und praktisch verortete bzw. auslegte, sprich eine «Selbst-Verständlichkeit». Seine meist jüngeren Rezipienten aber teilten diese Plausibilität oft nicht mehr. Sie erkannten zwar, dass Auer den christlichen Sinn authentisch beschrieb und inhaltlich eingehend erklärte. Es fehlte ihnen aber jener konsistente sozial-biografische Nährboden, auf dem sich für Auer diese Inhalte in die Früchte existenziell tragender Evidenz und Verankerung hatten wandeln lassen. Daher blieb ihnen die Botschaft letztendlich äusserlich: Ihre Mitteilung wirkte auf sie wie ein einseitiges, von aussen herangetragenes, fertiges christliches Wissen, zu dem sie trotz einiger Kenntnis keinen einfachen inneren Zugang mehr fanden.

3 Glaube als Grösse optionaler Moral (Hans Joas)

3.1 Ansatz von Joas

In dieser Problematik steckt die theologisch-ethische Vermittlungsdebatte bis heute. Es spiegelt sich darin die Ausgangslage von Gesellschaften und Kulturen, die strukturell durch ein erheblich gestiegenes Mass an Pluralität, Individualität und einem damit verbundenen säkularen Wandel der Bedeutung religiöser Phänomene geprägt sind. Unter solchen Bedingungen haben Religionen wie eben die christliche weiterhin Chancen auf kulturelle Akzeptanz und überzeugten Nachvollzug. Nur dürfen sie nicht mehr mit einer systemisch gestützten Etablierung ihrer Deutungen, auch nicht mit dem Erfolg einer nur einseitigen Übereignung bereits fertiger Sinngehalte rechnen. Es kommt darauf an, dass sie gegebene menschliche Erfahrungen, Bedürfnisse und Lagen ernst nehmen, in ihren Horizont integrieren und zum Anfang bzw. zur Nahtstelle der Artikulation und sprachlichen Neuformulierung ihrer dogmatischen und praktischen Ideale machen.

Daher wählt Joas «Selbsttranszendenz»[11] als Einstieg für die Vermittlung von christlichem Glauben und wertbezogenem Handeln: eine Erfahrung, in der sowohl religiöse Äusserungen als auch die Artikulation von Wertungen einen Anknüpfungspunkt haben. Selbsttranszendenz ereignet sich auf Feldern wie Biografie, soziale Begegnung, Natur, Kunst, Technik etc. Sie steht für dauerhafte Bindung und enormes Interesse, einhergehend mit Gefühlen «restlosen» Ergriffenseins, die durchaus ambivalent sind: Sie reichen von Pathos, Enthusiasmus, verstörendem Berührtsein, unerhörtem Staunen, Lust etc. bis hin zu Angst, Sucht und existenziellem Entsetzen. Selbsttranszendenz entsteht meist spontan: durch die erlebende Anschauung des in Augenschein genommenen Phänomens. Man beschreibt sie als ekstatisches «Hin-und-weg-Sein», als Hinauskommen über sich zugunsten der leidenschaftlichen Besetzung einer Wirklichkeit ausser mir und der Identifikation mit ihr. Solche Ereignisse sind für Identitätsbildung und Sozialität, für Wertfindung und Parteilichkeit unverzichtbar, bedürfen aber der gezielten Artikulation und kulturellen wie sozialen Deutung, um angemessen erfasst bzw. eingeordnet und gehandhabt werden zu können.

Zusammengefasst rückt damit die Genese tief verwurzelter Optionen in den Fokus: Diese befähigen nach Joas handelnde Akteure, die in pluralisierten Welten normale Erfahrung der Kontingenz durch die Herstellung von Gewissheit zu bewältigen. Solche Optionen sind keine beliebig wähl- und austauschbaren Varianten, da sie die Person ganz vereinnahmen, an das besetzte Phänomen «fesseln», somit den Charakter elementarer Glaubensformung gewinnen. Umso wichtiger ist es aber, dass solcher Art Bindungen reflektiert und kultiviert wird, damit man verstehen lernt, was sie aussagen und in welcher Gestalt sie dem humanen Anspruch genügen.

Damit kommen Religionen, etwa die christliche Glaubensform, als Grösse optionaler Moral ins Spiel; sie sind ein Angebot, die Kommunikation und Kultur solcher fundamentalen – das Selbst übersteigenden, es zugleich bildenden – Optionen zu fördern und zu beheimaten:[12] Einerseits helfen sie, Optionen in Richtung eines reflektierten, damit praktikablen Wertbewusstseins zu erschliessen und aufzubauen. Andererseits bewahren und pflegen sie dabei deren selbstenergetischen Charakter, der das Eigene fest an das zum Ziel gewordene Andere hängt. Für beides bieten sie die reiche Vielfalt ihrer existenziell wie praktisch

11 Joas, *Religion* (wie Anm. 3) 17. Vgl. auch ders., a. a. O., 12–31, 42 ff., 138 ff.; ders., *Glaube* (wie Anm. 4) 44, 63 ff., 121–128, 139–154, 169–172. Im Hintergrund: ders., *Werte* (wie Anm. 3).

12 Vgl. Joas, *Religion* (wie Anm. 3) 22–31, 48 f.; ders., *Glaube* (wie Anm. 4) 125–128, 139–154, 161 ff.

relevanten Symbole, Erzählungen, Riten, Denk- und Sozialformen an, können auf dieser Basis aber auch umgekehrt Anlass zentraler, existenziell verankerter Wertungsperspektiven des Menschen sein.

Vor allem deutet Religion diese engagierte Selbsttranszendenz, die für moralisches und wertvolles Leben so unabdingbar ist, auf wirklich existierende göttliche Transzendenz hin:[13] Das verstärkt für jene, die diese explizit gläubige Deutung annehmen, die Bindung, Ernsthaftigkeit und Hoffnung ihres daraus resultierenden Handelns.

3.2 Einige Rückfragen

3.2.1 Selbsttranszendenz und religiöse Artikulation im Zusammenspiel?

Die erste Rückfrage betrifft das Miteinander von Selbsttranszendenz und religiöser Artikulation. Ausgehend von Joas und gegen eine nur einseitig verstandene Übereignung christlichen Wissens rückt jetzt eine dezidiert wechselseitige Hermeneutik in den Blick: Religionen bilden einen Horizont für die Artikulation, Deutung und Kultivierung der identitäts- wie wertkonstitutiven Fähigkeit zur Selbsttranszendenz. Umgekehrt aber (das steht bei Joas nach meinem Eindruck nicht im Vordergrund) transformieren sich auf diesem Weg – durch die Aneignungskompetenz der Glaubenden! – die Symbolik, Sprachen und Konzepte von Religionen und Bekenntnissen. Das ist vornehmlich als Chance ihrer kulturellen Identität und personalen Weitergabe zu begreifen, nicht als Gefahr. Letztes wird wohlgemerkt nicht von Joas behauptet, aber von jenen, die christliche Wahrheit als starre Gegebenheit denken.

Das Zusammenspiel zeigt sich noch auf andere Art. Die Ergriffenheit und Bindung, die zur Selbsttranszendenz führt und über sie erfolgt, kann sich auf inhumane Grössen richten: Erniedrigung, Rassismus, Besitzgier, Ausgrenzung, Ästhetik ohne Verantwortung etc. Religiöse Artikulationen, die angesichts dessen kultivierend wirken sollten, zeigen sich allerdings gleichermassen anfällig: Denn auch die Symbolik der Religionen wird oft inhuman – für Krieg, Würdeverletzung, physische oder doktrinäre Übergriffe, Abschottung etc. – benutzt. Joas[14] spricht das klar an, berührt damit freilich einen hermeneutischen Zirkel, den es näher zu beleuchten gilt: Wertbindungen sind (auch) auf Religionen angewiesen, um adäquat artikuliert und dauerhaft konstituiert zu sein; umgekehrt brauchen Religionen plausible Wertungen, um sich in Form und Wirken human

13 Vgl. Joas, *Religion* (wie Anm. 3) 22 f.; ders., *Glaube* (wie Anm. 4) 205 ff.

14 Vgl. Joas, *Glaube* (wie Anm. 4) 164–184.

auszurichten. Diese wechselseitige Humanisierung darf jedoch nicht als positiver Automatismus gedacht werden. Es wäre folglich der Frage nachzugehen, worin das Kriterium liegt bzw. was der materiale Anhaltspunkt ist, um zu entscheiden, welche Optionen akzeptabel sind – und welche nicht.

3.2.2 Ethischer Universalismus mittels christlichem Exklusivismus?

Für die Kultivierung optionaler Präferenzen des Handelns und der mit ihnen verbundenen Selbsttranszendenz traut Joas den grossen monotheistischen Religionen Entscheidendes zu:[15] Durch die achsenzeitliche Transformation gewann ihr Transzendenzbegriff und damit ihr gesamtes Gebaren universalistisches Niveau, das der Sakralisierung partikulärer Interessen und Objekte seither klar widerspricht. Damit steht die Präsenz von Religionen – sofern sie ihrem Transzendenzbezug treu sind – für ein nicht teilbares humanes Denken, wie es etwa in den modernen Menschenrechtsformulierungen zum Ausdruck kommt, und unterstützt es. In diesem Zusammenhang bekennt Joas, dass er «persönlich in der Botschaft des Evangeliums die stärkste ‹Imagination› des Universalismus, die der Menschheit zuteil wurde» sehe, und äussert seine Sorge, «dass eine Schwächung des Christentums einen Pfeiler des moralischen und rechtlichen Universalismus schwächt».[16]

Damit ergibt sich die Frage eines möglichen, universalistisch allerdings nur schwer vereinbaren Exklusivismus des Christlichen: Man sollte die Sorge, die Joas äussert, zweifellos teilen und auch einräumen, dass eine persönliche Option für die Leistung einer bestimmten Religion nicht nur vertretbar, sondern biografisch unumgänglich ist. Dennoch fragt sich, ob der Vorrang des Evangeliums bezüglich der nicht teilbaren humanen Orientierung auch inhaltlich behauptet werden kann oder sogar muss. Welche Auswirkungen hätte aber eine solche Exklusivität auf interreligiöse Dialoge, die für den Universalismus des Humanen ja nicht unwesentlich sind?

3.2.3 Geschätzte, aber zugleich unterschätze Empathie?

Joas schätzt Empathie als Kompetenz sozial einfühlender Praxis und beschreibt sie – neben Prozeduraliserung und Wertgeneralisierung – als zentralen Faktor für die Bewältigung gestiegener Kontingenz.[17] Es zählt zur aktuell erlebten Normali-

15 Vgl. a. a. O., 63 ff., 173–176, 183 f., 213 ff., 225.

16 A. a. O., 64 f.

17 Vgl. Joas, *Religion* (wie Anm. 3) 47 ff.; ders., *Glaube* (wie Anm. 4) 139–146.

tät, dass menschliche Begegnungen von unterschiedlichen Interessen, Ausgangslagen, nicht einfach prognostizierbaren Erwartungen und Wertungen geprägt sind. Auf der Basis gekonnter Empathie entsteht nach Joas aber die Chance, sich inmitten differierender Perspektiven angemessen zu bewegen und orientiert zu sein: Pläne, Intentionen, Stimmungslagen, Gründe und Hintergründe, die auf strukturell offenem Feld gedeihen, kommen konstruktiv zusammen und werden zugunsten von genauem Verstehen, qualitätsvoller Sozialität und prospektiver Handlungsplanung ausgetauscht. Besonders die optionalen, durch tiefe Emotionen existenziell verankerten Bindungen und Ziele, von denen die Rede war, werden durch empathische Interaktionen kommunizierbar, weil hierin die Fühlensebene eine bezeichnende Rolle spielt.

Diese Erkenntnis lässt sich aber vertiefen, wobei die geisteswissenschaftliche Empathieforschung der letzten Jahre zu beachten ist:[18] Einfühlendes Verstehen wird hier – aufgrund seiner emotional-reflexiven Form – nicht nur als Ort verstanden, die Differenz von Erlebensperspektiven analog aufzugreifen, wertbezogen zu erörtern und sie so gestalterisch fruchtbar zu machen. Sie gilt auch als hervorragende Quelle für die originäre – reflexiv wie existenziell informierte – Genese von Wertbewusstsein, dies wegen des in der Empathie stattfindenden Aufwandes *eigener* emotionaler und selbstenergetischer Mittel für die Erkenntnis *anderer* Wertlagen.

3.3 Resümee

Diese Rückfragen bewegen sich in dem Gesprächs- und Reflexionsraum, der durch die innovative Arbeit und sozialphilosophische Systematik von Hans Joas eröffnet wurde. Mein spezifisches Interesse ist, das theologisch-ethische Vermittlungsproblem im Gespräch mit Joas zu vertiefen. Dieses Interesse ist Teil der zentralen Herausforderung zu einer anschlussfähigen christlichen Zeitgenossenschaft und Kirche.

4 Glaube – Grenze und Gnade optionaler Moral

Joas betont, dass er diese Anschlussfähigkeit christlichen Glaubens nicht funktional verstanden wissen will. Es kann folglich nicht um Glaubenssinn auf Linie der

18 Vgl. für das gesamte Feld: Hanspeter Schmitt, *Empathie und Wertkommunikation*. Theorie des Einfühlungsvermögens in theologisch-ethischer Perspektive, Freiburg i. Br. 2003; Themenheft: Compassion – Empathie – Achtsamkeit, in: Religionsunterricht an höheren Schulen 54 (2011) 145–190.

frühen religionssoziologischen Kontingenzbewältigungstheorie und ihrer sehr schlichten Auslegung gehen: Glaube und Religion als Versatzstück, als Kompensation des Mangels an Moral, sozialer Integration und Wissen. Für Religionen, die auf solche Glaubensdefinitionen setzen, ist die eigene Bedeutungslosigkeit im Mass der jeweiligen Steigerung von Wertbewusstsein, Sozialität und Erkenntnis vorprogrammiert.[19]

Joas will die «Nutzenfalle» meiden, bietet aber dennoch Nutzen an, da er die konstitutive Leistung der Religion und glaubensbezogenen Deutung für die Genese, Artikulation und kulturelle Stützung tragender universaler Optionen favorisiert. Gewiss lässt sich mit diesem Nutzen christlich gut leben, weil er nicht Täuschung – nicht Projektion, Entfremdung oder falschen Trost – anzielt, die den sozialen Fortschritt und die personale Würde blockieren: Vielmehr dient christliches Erschliessen von Selbsttranszendenz der Etablierung jener grenzüberschreitenden, zugleich subjektbezogenen universalen Humanität, für die gerade der Anspruch Gottes im Kontext christlicher Heilsdynamik steht. Hier erweist sich also der Glaube als ausgesprochen bedeutsame Grösse optionaler Moral und Humanität.

Ebenso anspruchsvoll kommuniziert Glaube aber auch die Grenze: Die Kommunikation der Güte und Heilung Gottes findet Menschen selbst da, wo sie universalen humanen Werten aus Schuld, Angst, Egoismus, notorischer Desorientierung oder Gedankenlosigkeit (noch) nicht folgen können oder wollen. Diese für eine christliche Glaubenshermeneutik essenzielle Aussage ist gnadentheologisch zu buchstabieren; sie gilt als Kerninterpretation aller christlich vorstellbaren Optionen.[20]

Die oft gehörte Gegenrede, dass diese Zuwendung Gottes zwar bestehe, darin aber die mögliche Umkehr zur konkreten wie universalen Liebe die inhärente Erwartung und Bedingung sei, greift gnadentheologisch zu kurz. Gott will humane Umkehr, doch seine Liebe hängt nicht davon ab! Ihre Grösse, die zugleich Grenze aller noch so erwartbaren moralischen Idealistik ist, liegt in ihrer eigenen sich selbst entgrenzenden solidarischen Hingabe. Dass diese Hingabe menschliche Selbsttranszendenz und Umkehr zugunsten der Lebensfülle anderer und Fremder bewirkt, ist die Hoffnung Gottes, nicht der Grund seiner Liebe.

19 Vgl. Joas, *Glaube* (wie Anm. 4) 32 ff., 125 ff.

20 Vgl. Schmitt, *Empathie* (wie Anm. 18) 482–490; ders., *Wozu Theologie?*. Eine Klärung aus theologisch-ethischer Perspektive, in: Eva-Maria Faber (Hg.), *Lebenswelt und Theologie*. Herausforderungen einer zeitsensiblen theologischen Lehre und Forschung, Freiburg i. Ue. 2012, 161–213, 191. Allgemein zum theologischen Gabediskurs: Veronika Hoffmann (Hg.), *Die Gabe – ein «Urwort» der Theologie*, Frankfurt a. M. 2009; dies., *Skizzen zu einer Theologie der Gabe*, Freiburg i. Br. 2013.

Im Klima göttlicher Hingabe scheint es aber möglich, dass sich menschliche Selbsttranszendenz solidarischer gestaltet.

Eine im Wesen *theologische* Ethik wird diese auf Gottes Gnade konsequent bezogene Kerninterpretation bewahren, ohne sie imperativisch umzumünzen. Wenn das in Kirche und Verkündigung Schule macht, entsteht womöglich mehr Raum für den Versuch, schlicht ein Medium dieser göttlichen Kommunikation und Praxis zu sein. Zweifellos eine gewagte Option! Möglich kraft des Glaubens.

IV Replik

Alle Religion ist erfahrungsbasiert

Hans Joas

Bücher über den Glauben haben es in der allgemeinen Öffentlichkeit im deutschsprachigen Raum und in den (stark säkular geprägten) Zirkeln der Sozialwissenschaften weiterhin nicht leicht. Es mag noch so viel von einer «Rückkehr der Religion» oder einer veränderten Aufmerksamkeitsstruktur unter so genannten postsäkularen Bedingungen die Rede sein – sobald der Glaube nicht nur objektivierend zum Gegenstand von Analysen gemacht wird, sondern auch Glaubensmotive eines Autors spürbar werden, greifen subtile (oder massive) Ausgrenzungsstrategien. Diese sind nicht generell unberechtigt; selbstverständlich dürfen sozialwissenschaftliche Analysen und philosophische Argumentationen nicht glaubensapologetisch zurechtgebogen werden; gewiss ist es verständlich, wenn solche Versuche abgelehnt oder stillschweigend ignoriert werden. Aber dasselbe sollte gelten, wenn säkularistische Motive am Werke sind, und keinesfalls sind Philosophie und Wissenschaften auf säkularistische Prämissen zu verpflichten.

Hier ist nicht der Ort, um der Komplexität der Fragestellung, welche Rolle religiöse (oder säkularistische) Weltbilder in philosophischer und wissenschaftlicher Argumentation spielen und spielen dürfen, gerecht zu werden. Aber eine kurze Reflexion auf diese Problematik stellt sich unwillkürlich bei der Beobachtung ein, wie unterschiedlich die Rezeption meines Buches «Glaube als Option», das Gegenstand des vorliegenden Diskussionsbandes ist, gegenüber der Rezeption meines vorhergehenden Buches zur Geschichte und Begründung der Menschenrechte[1] ist. Während das Buch zu den Menschenrechten etwa von allen grossen Tageszeitungen ausführlich besprochen wurde und unter anderem zum Gegenstand eines Rezensionssymposiums in einer soziologischen Fachzeitschrift und zweier Diskussionssammelbände wurde,[2] sind dieselben Organe im Fall von

1 Hans Joas, *Die Sakralität der Person.* Eine neue Genealogie der Menschenrechte, Berlin 2011.

2 Ich nenne stellvertretend nur einen Band, dem Hinweise auf Weiteres zu entnehmen sind: Hermann-Josef Grosse Kracht (Hg.), *Der moderne Glaube an die Menschenwürde.* Philosophie, Soziologie und Theologie im Gespräch mit Hans Joas, Bielefeld 2014.

«Glaube als Option» sehr zurückhaltend. Die bisherigen Besprechungen dieses Buches sind fast ausschliesslich von Theologen verfasst und in theologischen oder kirchlichen Zeitschriften erschienen. Viele davon sind von grossem Verständnis und auf hohem Niveau;[3] kein Grund zur Klage über mangelnde Aufmerksamkeit also, nur ein sanfter Ausdruck der Verwunderung, dass ein Buch, das sich im Rahmen einer sozialwissenschaftlichen Analyse der «Zukunftsmöglichkeiten des Christentums» (wie der Untertitel lautet) durchaus radikal mit dem gängigen Verständnis von Moderne und Modernisierung auseinandersetzt, dennoch und wohl unbewusst von manchen dem Genre religiöse Apologetik oder christliche Frömmigkeits- und Erbauungsliteratur zugeordnet zu werden scheint.

Wie immer sich dies genau verhält – ich bin der Paulus-Akademie in Zürich und dort ganz besonders Susanne Brauer äusserst dankbar, dass sie eine Tagung über mein Buch organisiert und in diesem Band ausgearbeitete Versionen der Vorträge gesammelt hat. Gerne nehme ich die Gelegenheit wahr, jenseits meiner bloss spontanen Repliken während der Tagung, nun auf der Grundlage einer vertieften Beschäftigung mit den Texten der Beiträge gründlicher Stellung zu nehmen. Da sich die Beiträge mit sehr verschiedenen Aspekten meines Buches beschäftigen, die sich nicht systematisch gruppieren lassen, habe ich folgenden Weg gewählt. Ich beginne mit den beiden Texten, die in eher religionspraktischer Orientierung an mein Buch anknüpfen (Annen; Straub). Dann wende ich mich den drei Beiträgen zu, die sich jeweils nur mit einzelnen Kapiteln meines Buches beschäftigen (Liedhegener; Baumann-Neuhaus; Ammann); dabei folge ich in der Reihung einfach der jeweiligen Stellung der behandelten Kapitel in der Reihenfolge meines Buches. Schliesslich wende ich mich den zwei Aufsätzen zu (Pfleiderer, Schmitt), die natürlich ebenfalls selektiv verfahren, aber doch recht deutlich auf den Argumentationskern meines Buches im Ganzen zielen. Ich hoffe, dass es mir mit dieser Vorgehensweise gelingt, den Argumentationen meines Buches über dieses hinaus klarere Konturen zu geben.

3 Besonders hervorheben möchte ich aus diesen Rezensionen: Wolfgang Huber, *Nachdenken.* Die Zukunft des Christentums, in: Zeitzeichen 10 (2012) 62–63; Wolfgang Vögele, in: Theologische Literaturzeitung 138 (2013) H.6, 717–719; Thomas Eggensperger, in: Wort und Antwort. Dominikanische Zeitschrift für Glauben und Gesellschaft 53 (2012) H.4, 185 f.; Paul Schröffner, in: Zeitschrift für katholische Theologie 135 (2013) 368–370; Andreas Tesler, in: Theologisch-praktische Quartalsschrift 161 (2013) 434 f.; Christian Stoll, *Katholische Religionssoziologie?*, in: Internationale katholische Zeitschrift Communio 42 (2013) H.2, 219 f.; Henning Klingen, *Die Religion hat den Tod Gottes überlebt*, in: Die Furche, 30.8.2012, 19.

Beide religionspraktisch gezielten Beiträge sind imponierend erfahrungsgesättigt. Generalvikar Annen beginnt mit sehr persönlich gehaltenen autobiografischen Bemerkungen über das seine Kindheit und Jugend prägende schweizerische katholische Milieu, das er als «beheimatend und bergend», aber eben auch als kontrollierend und eng erlebt hat. Diese Erinnerung ist nicht nur deshalb für das Thema dieses Bandes einschlägig, weil sie uns für die rapiden historischen Veränderungen der letzten Jahrzehnte hinsichtlich der Weitergabe des Glaubens sensibilisiert. Sie ist auch deshalb nützlich, weil damit nostalgischen Verklärungen der erodierenden Konfessionsmilieus (in den mitteleuropäischen bikonfessionellen Gesellschaften des 19. und 20. Jahrhunderts) vorgebeugt wird. Mein eigener Hintergrund ist von dem hier beschriebenen insofern unterschieden, als das bayerische katholische Milieu, dem ich entstamme, im Unterschied zum schweizerischen durch den Nationalsozialismus hindurchgegangen war. Während wir uns heute gerne der Märtyrer des Widerstands gegen Hitler erinnern, waren durchaus zahlreiche Kinder dieses Milieus vor und nach 1933 der Verführungskraft der als jung und modern erscheinenden Bewegung der Nazis erlegen; auch unter denen, die ihr nicht erlagen, herrschten keineswegs eindeutig prodemokratische Vorstellungen vor. In der Nachkriegszeit mussten entsprechend viele Menschen einerseits mit Erfahrungen der Unterdrückung, andererseits aber auch der Verführbarkeit zurechtkommen. Annen und ich teilen die Ambivalenz im Blick auf das untergegangene konfessionelle Milieu und das Interesse an der Wahrnehmung der Vielfalt von Formen, die aus der Milieuerosion erwachsen können. Glaubensferne ist nur eine mögliche Konsequenz; unterschiedliche Weisen der Individualisierung des Glaubens und eine innere Umformung der Ansprüche an Partizipation in der Kirche, die aus einer Stärkung demokratischer Überzeugungen resultierte – hier dürfte die Schweiz einen Vorsprung vor Deutschland haben – sind andere mögliche Resultate.

Josef Annen nimmt dann das neunte Kapitel meines Buches als Folie für seine eigenen Darlegungen. Dabei bestätigt er für den Raum Zürich meine These, dass an die Stelle erodierender konfessioneller Milieus zumindest in bestimmten Regionen nicht pure Individualisierung getreten sei, sondern ein kleineres, aber glaubensintensives überkonfessionell christliches Milieu. Er fordert mutige Schritte zu verstärkter ökumenischer Zusammenarbeit und wehrt sich gegen Tendenzen, vom erreichten Stand «eucharistischer Gastfreundschaft» in Richtung rigoroser Abgrenzung abzugehen. In Deutschland entspricht seinem Votum der vom Präsidenten des deutschen Bundestages, Norbert Lammert, im Jahr 2012 initiierte Appell «Ökumene jetzt – ein Gott, ein Glaube, eine Kirche», zu dessen Erstunterzeichnern ich gehöre. Auch Annens Plädoyer, Formen «ausserkirchlicher spiritueller Sinnsuche» nicht vornehmlich abzuwehren, sondern auch mit Sympathie zu betrachten und als möglichen Anstoss für eine selbstkritische Bewertung rationalistischer Tendenzen in der eigenen Kirche aufzufassen, ist ganz in meinem Sinn. Er spielt auf den schönen Satz im Vorwort zu «Gaudium et spes» an, dass es nichts wahrhaft Menschliches gebe, das nicht in den Herzen der Jünger Christi seinen Widerhall fände. Was schliesslich die über Migrationsbewegungen laufenden Rückwirkungen der von mir so stark hervorgehobenen derzeitig rasch fortschreitenden Globalisierung des Christentums betrifft, macht Annen vor allem darauf aufmerksam, dass es nicht länger ausreicht, nur parallele pastorale Angebote für die zugewanderten Mitchristen vorzusehen, dass vielmehr eine Pastoral nötig sei, die zu einer wahrhaft katholischen, d. h. nicht-monokulturellen Gemeinschaftsbildung vor Ort führt.

Es ist bemerkenswert und selbst ein Anzeichen überkonfessioneller Gemeinsamkeit, dass auch Esther Straub, evangelisch-reformierte Gemeindepfarrerin in Zürich, auf der Grundlage ihrer Praxis zu ähnlichen Folgerungen kommt. Auch ihr ist meine These von einem sich herausbildenden interkonfessionell christlichen Milieu für ihren Erfahrungsbereich plausibel. Wie ich das Gespräch von Gläubigen und Religionslosen für zunehmend wichtig halte, so auch Esther Straub, die sich gegen die Zurückdrängung des Glaubens in die Privatsphäre wehrt. Sie stimmt meiner paradox klingenden Formulierung vom Glauben als «kontingenter Gewissheit» zu, und ich darf deshalb erwähnen, dass ich vor der Veröffentlichung auch diesen Titel für das Buch («Kontingente Gewissheit») erwogen hatte. Besonders wichtig an ihren Ausführungen ist, wie sie ihrer Irritation über das Abstimmungsverhalten von Mitgliedern ihrer Kirche in migrations- und friedenspolitischen Fragen Ausdruck gibt. Wenn ihr Satz zutrifft, dass in der Schweiz nichtreligiöse Milieus häufiger mit den Positionen der Kirchenleitungen übereinstimmten als kirchliche Milieus, dann zeigt das, wie schwierig kirchliche Führungsaufgaben sein können. Gewiss können Kirchenleitungen Stimmungen und Meinungen der Basis nicht einfach ignorieren. Sie dürfen sich aber auch nicht opportunistisch zu deren Spielball machen. Der einhundertste Jahrestag des Beginns des Ersten Weltkriegs hat vielfältig Anstoss zur erneuten selbstkritischen Besinnung auf die Rolle der Kirchen damals gegeben, auf die Leichtigkeit, mit der sie die Sache der jeweiligen Nation mit einer sakralen Aura und theologischer Rechtfertigung versahen. Christ sein bedeutete immer wieder nicht mehr als eine Identifikation mit einer partikularen Sache, so dass die enorm anspruchsvolle Botschaft des christlichen moralischen Universalismus verdeckt wurde. Gleichzeitig leben wir in einer Welt, in der dieser Universalismus von manchen Menschen gerade in Distanz zur Kirche und zum Glauben gelebt wird. Das «prophetische Wächteramt» der Kirche, von dem Esther Straub spricht, kann von der Kirche nach aussen nur in Anspruch genommen werden, wenn es auch in ihr selbst zur Geltung kommt.

Die steigende Bedeutung des Dialogs zwischen Gläubigen verschiedener Konfession oder Religion und auch zwischen Gläubigen und religionslosen Menschen ist der Grund dafür, warum ich in mein Buch ein Kapitel zur «Logik» dieses Dialogs eingefügt habe. Mit «Logik» ist hier eine Darlegung der internen Erfolgsbedingungen des Gesprächs über den Glauben gemeint, wenn dieser die Grenzen einer bestimmten Glaubensgemeinschaft überschreitet. Deshalb habe ich in dem betreffenden Kapitel dargelegt, dass wir Religionen nicht wie Systeme von kognitiven oder normativen Lehrsätzen verstehen dürfen, wie wir ausgehend vom Eigenen uns schrittweise mit immer Fremderem konfrontieren können und welche Chancen und Verpflichtungen daraus erwachsen. Die Frage nach dieser Logik des interreligiösen Dialogs ist offensichtlich zu unterscheiden von der politischen Frage, unter welchen äusseren Bedingungen solcher interreligiöser Dialog faktisch Einigungschancen hat und wie sich der Dialog zu anderen Formen politischer Regelung oder Steuerung verhält.

Der Politikwissenschaftler Antonius Liedhegener liest mein siebtes Kapitel entsprechend seiner Interessen und professionellen Prägung vornehmlich unter dem Gesichtspunkt der zweitgenannten Fragestellung und damit in einem anderen als dem von mir intendierten Sinn. Darin liegt eine wertvolle Ergänzung, aber natürlich auch ein partielles Missverständnis. Bei der von ihm präferierten Fragestellung, zu der ich mich im Buch gar nicht geäussert habe, liegen wir weniger weit auseinander, als er anzunehmen scheint. Liedhegener fühlt sich aufgerufen, vor zu grossen politischen Erwartungen, die sich auf interreligiösen Dialog richten, zu warnen, die Grenzen solchen Dialogs realistisch aufzuzeigen, «Vorbehalte gegenüber einer Privilegierung bzw. exklusiven Inanspruchnahme des Dialogs der Religionen in politischen Kontexten» (vgl. in diesem Band S. 31) zu äussern. Aber dies ist alles durchaus in meinem Sinn und widerspricht meines Erachtens in keinem Punkt meinen Ausführungen. Liedhegener verkennt, dass ich zwar Wertegeneralisierung für ein wichtiges Ziel der öffentlichen Auseinandersetzung über Werte halte, aber ebenso auch – wie ich im vorhergehenden Kapitel argumentiere – «Prozeduralisierung», d. h. eine gemeinsame Bereitschaft, die Existenz tiefreichender Unterschiede der Weltanschauung und der Interessenlagen als solche anzuerkennen und zum Rechtsgehorsam, zur Toleranz und Fairness bereit zu sein. Ich will ja gerade die unfruchtbaren Entgegensetzungen der Liberalismus-Kommunitarismus-Debatte überwinden und nicht Prozeduren gegen substanzielle Wertkonsense ausspielen, sondern beiden ihren Ort zuweisen. Niemals würde ich die zentrale Rolle des «politischen Systems» «für die soziale und systemische Integration unserer Gesellschaften» (vgl. in diesem Band S. 39) bezweifeln; ebensowenig die «Institutionenordnungen und systemische[n] Strukturen» (vgl. in diesem Band S. 41). In meinem Buch über Menschenrechte spreche ich deshalb von der Trias von Werten, Institutionen und Praktiken als den drei Pfeilern, derer es für die stabile Geltung der Menschenrechte bedarf. Ich weiss deshalb nicht, warum Liedhegener hier einen anderen Eindruck hat. Wie Ausführungen zur Logik rationaler Argumentation doch nicht Ausdruck eines naiven Vertrauens in die politische Rolle von Argumentationen sind, so sind Ausführungen zur Logik des interreligiösen Dialogs nicht Ausdruck einer ausschliesslichen Konzentration auf diesen.

In einer Hinsicht macht mich Liedhegeners Beitrag auf eine Ergänzungsbedürftigkeit meines Buches, in einer anderen auf einen echten – und nicht nur vermeintlichen – Dissenspunkt zwischen ihm und mir aufmerksam. Deutlicher machen hätte ich sollen, welche Spezifika den Dialog zwischen Gläubigen und den Vertretern umfassender *säkularer* Weltbilder und Wertsysteme charakterisieren. Der Ort dafür wäre in meinem Buch dort gewesen (S. 161), wo ich auf die weitgehende Entchristlichung Ostdeutschlands, aber auch mancher Grossstadt auf dem Gebiet der alten Bundesrepublik Deutschland zu sprechen kam, um dann aber nur von der bestehen bleibenden kulturprägenden Kraft religiöser Traditionen zu handeln und nicht von der Konfrontation mit selbstbewussten alternativen Weltbildern. Diese Vernachlässigung mag damit zusammenhängen, dass mir z. B. in Ostdeutschland in den letzten Jahrzehnten kein überzeugter und leidenschaftlicher Marxist begegnet ist. Es sind natürlich neuerdings einige Wortführer eines «neuen Atheismus» zu hören, doch haben diese kaum Interesse am gleichberechtigten Dialog mit Gläubigen. Der Dialog hier betrifft heute weniger gefestigte Weltbilder und mehr differierende Interpretationen menschlicher Erfahrungen.

Ein möglicher echter Dissens könnte dort bestehen, wo Liedhegener in orthodoxer Anknüpfung an John Rawls' Theorie der Gerechtigkeit behauptet, dass der politische Rahmen demokratischer politischer Systeme theoretisch wie praktisch vorgängig zu jedem Dialog der Religionen ist (vgl. in diesem Band S. 32). Mein Bedenken betrifft hier die Einhegung der Religionen in den einzelnen Staat. Zur Stärke der katholischen Tradition hat es immer gehört, sich selbstverständlich übernational zu verstehen. Der Politikwissenschaftler müsste dieser Tatsache empirisch und normativ mehr Aufmerksamkeit schenken, finde ich. Mehrere weitere Passagen in Liedhegeners Beitrag nähren meinen Verdacht, dass er gegenüber «dem Staat» weniger kritisch ist als gegenüber «der Religion». Schwer nachzuvollziehen ist für mich etwa die These (vgl. in diesem Band S. 37), dass im Fall der stärkeren Betonung des Dialogs zwischen den Konfessionen nach der Reformationszeit die Befriedung religiöser Vielfalt länger gedauert hätte als bis zum Westfälischen Frieden. Hier fällt ganz unter den Tisch, dass die religiösen Konflikte der Zeit doch gerade durch die Verquickung von Religion und frühneuzeitlicher Staatsbildung eskalierten.[4] Ebenso fragwürdig erscheint mir die Behauptung, dass Religionen vor allem dann problematisch würden, «wenn sie als eine der mächtigen kollektiven Identitäten politisiert und mobilisiert werden» (vgl. in diesem Band S. 40). Korrekter wäre es, darauf hinzuweisen, dass Konflikte und solche religiösen Mobilisierungen oft dadurch entstehen, dass scheinbar neutrale staatliche Regulationen faktisch partikularistisch aufgeladen sind, d. h. einem Teil der Bevölkerung schaden oder diesen im Zaum zu halten versuchen. Religiöse Mobilisierung ist meist Reaktion auf vorgängige, religiös interpretierbare Diskriminierung.[5]

Während Liedhegener politikwissenschaftliche Fragen an mein Buch richtet, spielt sich die Auseinandersetzung von Eva Baumann-Neuhaus mit dem neunten Kapitel meines Buches auf ethnologisch-religionswissenschaftlichem Terrain ab. Ein Grossteil der von ihr herangezogenen Forschungen ist allerdings soziologischer Natur; insofern könnte man vermuten, die Nähe zu meinen Ausführungen müsste beträchtlich sein. Für die Leser könnte es allerdings verwirrend sein, dass sie in einer Begrifflichkeit, die meiner zu ähneln scheint, doch sehr andere Gehalte transportiert. Die Darlegung dieser Differenzen ist deshalb vermutlich instruktiv.

Unsere Intentionen unterscheiden sich deutlich voneinander, wie schon in der Einleitung des Beitrags deutlich wird. Eva Baumann-Neuhaus «wagt», wie sie schreibt, «eine kulturwissenschaftliche Ausweitung des Religionsbegriffs» (vgl. in diesem Band S. 43), die über mein Religionsverständnis hinausgehe. Nun hat es mir nicht einfach am Mut zu diesem Wagnis gefehlt; ich lehne vielmehr einen konturlos werdenden Begriff von Religion dezidiert ab und fürchte gerade, dass wir Phänomenen radikaler Säkularisierung nicht mehr ins Auge sehen, wenn wir überall, etwa im Fussballstadion und beim Rockkonzert, irgendwie Religion glauben finden zu können. Für mich klingt die These, dass bei einem so ausgeweiteten Religionsbegriff Religion «auch in Europa eine starke, prägende und

4 Aus den zahlreichen Kritiken am Mythos der Entstehung des säkularen Staates aus den Religionskonflikten der frühen Neuzeit – die doch den konfessionellen Staat hervorgebracht haben, hier stellvertretend nur: José Casanova, *Europas Angst vor der Religion*, Berlin 2009, 7 f.

5 Vgl. Brian Grimm/Roger Finke, *Religious Persecution in Cross-National Context.* Clashing Civilizations or Regulated Religious Economies?, in: American Sociological Review 72 (2007) 633–658.

bindende Kraft» (ebd.) sei und bleibe, nicht überraschend. Es könnte sich um eine blosse Konsequenz der begrifflichen Strategie und nicht einen echten empirischen Befund handeln, wenn bei einem sehr weiten Verständnis von Religion die Phänomene der Säkularisierung rarer werden.

Auch in einem weiteren zentralen Punkt sind die Begriffsstrategien hier sehr unterschiedlich. Eva Baumann-Neuhaus schneidet aus den Religionen das «Segment der Erfahrungsreligiosität» (ebd.) heraus und beschreibt dann im Lauf ihres Beitrags Erfahrungen der Transzendenz im Anschluss an die Terminologie des Religionssoziologen Thomas Luckmann.[6] In meiner Sicht ist aber alle Religion erfahrungsbasiert, haben Glaubensinhalte ihren Sinn nur durch den Bezug auf Erfahrungen und stellen religiöse Institutionen Erfahrungen praktisch auf Dauer. Weiterhin ist mein Begriff der Selbsttranszendenz, wie ich ihn in Büchern vor dem hier diskutierten entwickelt habe,[7] sehr anders beschaffen als der von Luckmann. Auf eine Kurzformel gebracht, zielt er auf Öffnungen symbolisch gezogener Grenzen des Selbst in intensiven Erfahrungen und ist nicht aus der Phänomenologie des Alltags heraus entwickelt wie bei Luckmann. Die Behauptung (vgl. in diesem Band S. 50), dass es sich beim Transzendieren um eine intentionale Tätigkeit des Übersteigens unmittelbarer Erfahrungen handele, ist in Luckmanns Bezugsrahmen sinnvoll, in meinem aber widersinnig: Die Selbsttranszendenz im Verlieben etwa überfällt uns, wie viele Menschen lustvoll oder leidvoll erfahren, und ist gerade nicht intentional erreichbar.

Diese verwirrenden Fragen der Begriffssprache sind auch deutlich mit sehr unterschiedlichen empirischen Einschätzungen verknüpft. Mich überzeugt nicht, wie in diesem Aufsatz Bewegungen alternativer Spiritualität in westlichen postindustriellen Gesellschaften mit christlichen Massenbewegungen ausserhalb Europas, v. a. der Pfingstbewegung, zusammengezogen werden. Während ich die enorme Ausdehnung letzterer in den letzten Jahrzehnten selbst hervorhebe – allerdings mit der Einschränkung,[8] dass wir die Tendenzen nicht einfach fortschreiben sollten, sondern eher mit einer Abschwächung zu rechnen sei, halte ich die parallelen Behauptungen von Eva Baumann-Neuhaus, was das Wachstum alternativer Spiritualität betrifft, für schlecht belegt. Angaben über die Häufigkeit ausseralltäglicher Erfahrungen erlauben als solche keine Aussagen über Trends; die Zahl der Formen (östlich, archaisch, okkult, mystisch etc., vgl. in diesem Band S. 52) erlaubt keine Aussage über die Zahl der betroffenen Menschen; ohne Gewichtung der Zugehörigkeitsdauer und der Weitergabewahrscheinlichkeit an

6 Thomas Luckmann, *Die unsichtbare Religion* [1967], Frankfurt a. M. 1991.

7 Hans Joas, *Die Entstehung der Werte*, Frankfurt a. M. 1997; ders., *Braucht der Mensch Religion?*. Über Erfahrungen der Selbsttranszendenz, Freiburg i. Br. 2004.

8 Ders., *Glaube als Option*. Zukunftsmöglichkeiten des Christentums, Freiburg i. Br. 2012, 196.

die nächste Generation können ephemere Kontakte nicht von langfristigen Bindungen unterschieden werden. Hinzu kommt, dass der ganze Aufsatz von einer pauschal negativen Kennzeichnung der Kirchen als doktrinär erstarrt, heutigen Menschen unangemessen und in herkömmliche Grenzen eingesperrt durchzogen ist, die selbst an keiner Stelle wirklich argumentativ verteidigt wird. Einseitig wird Modernitätsaffinität den grossen Kirchen ab- und alternativen Spiritualitätsformen zugesprochen, ohne die Spielräume religiöser Individualisierung *innerhalb* der Kirchen ernsthaft zu erwägen. Auch die pfingstlerischen Bewegungen, die etwa in Nordeuropa in den ersten Jahrzehnten des 20. Jahrhunderts so stark waren, könnten ja eher ein Übergangsphänomen als ein Vorzeichen der religiösen Zukunft sein. Um dies zu klären, müssen wir uns meines Erachtens von jedem homogenen Modernitätsbegriff gerade verabschieden. So habe ich zumindest in den Kapiteln vier bis sechs meines Buches argumentiert.

Auf meine empirisch-soziologischen Behauptungen zur Zukunft des Christentums folgt im Buch ein Versuch, zentrale intellektuelle Herausforderungen zu identifizieren, denen sich ein selbstbewusstes Christentum heute zu stellen hat, für die es aber auch nach meiner Einschätzung gut gerüstet ist. An erster Stelle habe ich dabei das christliche Liebesethos selbst genannt, das in den Begrifflichkeiten egozentrischer Formen des Individualismus, aber auch rationalistischer universalistischer Moralphilosophie nicht angemessen artikuliert werden kann und deshalb selbst sein Potenzial zu deren Kritik offensiv entwickeln muss. Christoph Ammann nutzt diese These von mir als Sprungbrett für einen brillant formulierten, weit über mein Buch hinausgehenden Text über «Liebe in den Zeiten der Autonomie». Er sieht selbst seinen Text nicht als Kritik an meinen Überlegungen, sondern als «von existenzieller Betroffenheit ausgehenden Versuch», die von mir beschriebene intellektuelle Lage «zu veranschaulichen und zu konkretisieren» (vgl. in diesem Band S. 63). In der Tat ist zwischen uns nichts kontrovers. Ammann findet die Tendenz, das Schadensprinzip zu behandeln, als sei es das höchste moralische Generalprinzip, so anstössig, wie ich das tue. Er beklagt eine Verarmung des öffentlichen moralischen und politischen Diskurses, wenn die Tatsache, dass man das Recht zu einer Handlung habe, als hinreichende Rechtfertigung einer Handlung aufgefasst werde. Diesen Punkt hat die in Harvard lehrende (katholische) Rechtsphilosophin Mary Ann Glendon besonders pointiert unter dem Begriff *rights talk* kritisiert.[9] Ammann wird v. a. durch die Diskussion über Suizid und Sterbehilfe in der Schweiz angetrieben, die Selbstverständlichkeit in Frage zu stellen, mit der weithin das Recht auf Selbstbestim-

9 Mary Ann GLENDON, *Rights Talk*. The Impoverishment of Political Discourse, New York 1991.

mung zum höchsten normativen Bezugspunkt erklärt wird. Das tut er nicht aus einer Geringschätzung dieses Rechts heraus, sondern weil ihm das christliche Liebesethos weit über diese Denk- und Wertungsweise hinauszugehen scheint – nicht freilich im Sinn eines alternativen moralischen Prinzips, sondern weil es uns die Welt anders erschliesst. Wir sehen Menschen anders, wenn wir sie mit dem Blick der Liebe betrachten; wir sehen die Situationen des Handelns und der riskanten moralischen Entscheidungen anders, wenn wir sie nicht als blosse Fälle eines allgemeinen Gesetzes auffassen. Wir werden so für die Gefahr sensibilisiert, dass sich unter unserem Respekt vor der Autonomie anderer nur unsere Gleichgültigkeit ihnen gegenüber verbirgt. In Anknüpfung etwa an den grossen französischen Philosophen Paul Ricœur[10] und den dänischen Theologen Knud Løgstrup entwickelt er eine christliche Position, die nicht als «moralistische Verurteilung des Selbstbestimmungswillens» (vgl. in diesem Band S. 76) misszuverstehen ist, aber gleichwohl der Leichtfertigkeit dessen entgegentritt, was er «easy liberalism» nennt. Ohne ihm widersprechen zu wollen, möchte ich ihn nur zu einem weiteren Schritt in seiner Argumentation drängen. Ammann sagt nicht, welche rechtlichen Regelungen sich aus seinen Überlegungen als die richtigen ergeben und wie im Prozess der Gesetzgebung die christliche Position überzeugend für Nicht-Christen vorgetragen werden kann. Gewiss lässt sich sein Aufsatz schon als beträchtlicher Schritt in diese Richtung lesen, aber ohne rechtliche Spezifizierung verbleibt er doch im Bereich der Moral. Entscheidend scheint mir zu sein, ob Ammann nur an die Träger von Rechten appellieren möchte, höhere Gesichtspunkte als den individueller Selbstbestimmung zu berücksichtigen, oder ob er es für richtig hält, im Recht selbst Einschränkungen individueller Selbstbestimmung zu verankern.

Damit wende ich mich den beiden Beiträgen zu, die am anspruchsvollsten auf den Kern meines Buches zielen. Der Text des Basler protestantischen Theologen Georg Pfleiderer, mit dem mich viele Interessen verbinden, tritt zwar bescheiden als blosser Kommentar zum vierten Kapitel meines Buches auf, zielt aber weit darüber hinaus. Ausgangspunkt ist meine These, dass es nicht nur zahlreiche Versuche von protestantischer Seite gibt, die Kulturbedeutung des Christentums im Sinne einer Triebkraft für den Fortschritt zu behaupten, sondern dass es eine bestimmte Struktur protestantischen Selbstverständnisses war, die – von den Reformatoren abweichend – das Muster für Vorstellungen über Moderni-

10 Ricœur ist auch einer meiner wichtigsten Bezugsautoren. Vgl. mein zu seinem 90. Geburtstag verfasstes Porträt: Hans Joas, *Gott in Frankreich – Paul Ricœur als Denker der Vermittlung*, in: ders., *Braucht der Mensch Religion?* (wie Anm. 7) 108–121.

sierung geliefert hat. Nun setzt sich Pfleiderer mit meinen historischen Thesen nicht wirklich auseinander. Er versucht vielmehr zunächst, mich selbst unter Bezug auf die Traditionen des Neuprotestantismus ab Schleiermacher zu verorten. Dabei kommt er schon in der Einleitung zu der steilen These, «dass Joas selbst durchaus als Vertreter einer heutigen, zeitgemässen und kritisch-reflexiven Version neuprotestantischer Theorietradition betrachtet werden kann» (vgl. in diesem Band S. 78). Gleich danach wird diese «Eingemeindung» meiner Person in den Protestantismus aber wieder relativiert, weil Pfleiderer eine (für ihn) typisch katholische Betonung «der religionskonstitutiven Bedeutung von Kirche und Ritual» (ebd.) bei mir beobachtet und, was ich in der Tat eine scharfsinnige Beobachtung finde, eine geringe Betonung von Ungewissheit und Anfechtung des Glaubens in meinen Schriften. Ich werde auf diese originellen Bemerkungen nicht mit einer konfessionsbezogenen Selbstdarstellung reagieren. Vielleicht ist aber die offensichtliche Schwierigkeit, meine Veröffentlichungen in die konfessionellen Traditionen einzuordnen, selbst ein Zeichen dafür, dass diese heute in Bewegung geraten sind. Was in Zeiten konfessionalistischer Versäulung auch zur Abgrenzung voneinander diente, verliert unter den Bedingungen überkonfessionell-christlicher Milieus an Funktion, und eine Besinnung auf das gemeinsame Christliche kann auf beiden Seiten das Lernen voneinander befördern. Als Nicht-Theologe bin ich in dieser Hinsicht in einer besonders komfortablen Position.

Während ich mit Pfleiderers Verortungsversuch meiner Person also durchaus leben kann, bereitet mir seine anschliessende, als Systematisierung angelegte Rekonstruktion meiner Überlegungen zu «Moderne» und «Modernisierung» beträchtliches Unbehagen. Durch sein Stufenmodell (vgl. in diesem Band S. 82) fühle ich mich gewissermassen «hegelianisiert», damit aber gerade um den Gewinn der Öffnung der Modernisierungstheorie in Richtung historische Kontingenz gebracht. Schwierigkeiten habe ich schon mit dem Stufenmodell als solchem, weil es höhere und niedrigere Bewusstseinsformen unterscheidet und dem Wandel zu den höheren Formen zugleich einen historischen Richtungssinn unterlegt. All das kann man so für richtig halten, und sehr bedeutende Denker seit Hegel haben das getan, aber eine angemessene Wiedergabe meiner Gedanken sehe ich darin nicht. Mein Zweifel richtet sich über das Stufenmodell hinaus auf die Reformulierung meiner Gedanken auf jeder einzelnen Stufe. Erfahrungen der Kontingenz und Erfahrungen der Selbsttranszendenz verhalten sich bei mir nicht zueinander wie Erfahrungsstoff und Erfahrungsdeutung. Erfahrungen der Kontingenz sind Erfahrungen von Widerfahrnissen, die jenseits meiner Handlungsmacht liegen oder sich als nicht-intendierte Wirkungen meines Handelns einstellen. Erfahrungen der Selbsttranszendenz sind dagegen, wie oben schon bemerkt, Erfahrungen des Hinausgerissenwerdens über die Grenzen des eigenen

Selbst. Gewiss bedürfen beide Arten von Erfahrungen der Deutung, aber das eine ist nicht die Deutung des anderen. Es ist auch nicht richtig, alle gedeuteten Erfahrungen der Selbsttranszendenz als Werte zu bezeichnen; vielmehr gilt dies nur, wenn die aus Erfahrungen der Selbsttranszendenz resultierende Bindung von Personen abgelöst, auf abstrakte Bedeutungsgehalte übertragen und positiv bewertet wird. Die Deutung der Erfahrungen des Ergriffenseins im Sinne einer Begegnung mit realer Transzendenz bezieht sich nur auf Religionen, die auf die achsenzeitliche reflexive Wendung des Verständnisses von Sakralität zurückgehen.[11] Pfleiderer behauptet weiterhin, ich sähe eine reflexive Wende erst in der «Moderne». Das trifft bezüglich der Kontingenzerfahrung nicht zu. Wenn ich von einem «Zeitalter der Kontingenz» spreche, bezieht sich das auf die Optionenvermehrung unseres Handelns und deren Folgen und nicht auf die grundlegendere Schicht von «Schicksalskontingenz».[12]

In dieser Replik kann ich nicht alle hier apostrophierten Gedankengänge erneut breit entfalten. Pfleiderer geht über seinen Vorschlag, aus meinen Überlegungen ein Stufenmodell zu entwickeln, am Schluss noch hinaus und kontrastiert mein pragmatistisches Verständnis des Handelns zu Recht mit demjenigen Verständnis, das Kants Moralphilosophie zugrunde liegt. Den Nachteil dieser richtig beschriebenen begrifflichen Umstellung sieht er darin, dass dadurch die «Allgemeinheitsstruktur» aus der praktischen Vernunft herausgenommen und in den äusserlichen Bereich des Rechts verlagert werde. Was Pfleiderer als Nachteil einschätzt, halte ich für einen Vorteil. Seit Jahrzehnten habe ich mich darum bemüht, die enge Verklammerung von Rationalitäts- und Handlungsverständnis bei Kantianern, aber z. B. auch bei Jürgen Habermas aufzusprengen.[13] Der Vorteil liegt in der gesteigerten Fähigkeit, die Strukturen des menschlichen Handelns in ihrer phänomenalen Vielfalt ernstzunehmen. Der befürchtete Nachteil tritt nicht ein, wenn die Aufgaben der Rationalitätstheorie auf moralphilosophischem Gebiet durch eine Verklammerung von Wert- und Normkonzeption übernommen werden.[14] In meiner Konzeption ist entsprechend der Allgemeinheitscharak-

11 Dazu jetzt ausführlicher: Hans Joas, *Was ist die Achsenzeit?*. Eine wissenschaftliche Debatte als Diskurs über Transzendenz, Basel 2014.

12 Dieser Begriff ist wohl zuerst von Odo Marquard geprägt worden. Zu entsprechenden Fundstellen und auch der Problematik dieses Begriffs vgl. Peter Vogt, *Kontingenz und Zufall*. Eine Ideen- und Begriffsgeschichte, Berlin 2011, 282 f. und die Anmerkungen 246 und 247.

13 Am ausführlichsten in Hans Joas, *Die Kreativität des Handelns*, Frankfurt a. M. 1992, aber auch in den kritischen Aufsätzen, etwa zu Habermas, in: Hans Joas, *Pragmatismus und Gesellschaftstheorie*, Frankfurt a. M. 1992.

14 So zuerst im Schlusskapitel von Hans Joas, *Entstehung* (wie Anm. 7) 252–293, und weiter in zahlreichen Arbeiten seither, in denen ich mich um eine historisch-reflexive Begründung des

ter dem anspruchsvollen (achsenzeitlichen) Verständnis von realer Transzendenz immer schon eingeschrieben, weil erst die Relativierung alles Mundanen durch Transzendenz historisch den Begriff der *einen* Menschheit ermöglicht hat. Mein Weg führt mich entsprechend weiter in die Genealogie des moralischen Universalismus und seiner rechtlichen Institutionalisierung hinein und nicht in die Richtung, die Pfleiderer mir empfiehlt: die «Ausweitung zu einer spekulativen Theorie des Absoluten» (vgl. in diesem Band S. 84). Der geschätzte Kollege reproduziert, in sich konsistent, hier einen hegelianischen Denkzwang oder eine «Hegelsche Versuchung»[15], denen ich gerade entgehen will.

Ganz anders, nämlich in den Debatten katholischer Moraltheologie in den letzten Jahrzehnten, setzt der Churer theologische Ethiker Hanspeter Schmitt an. Sein Interesse gilt der «Frage einer Vermittlung religiösen Lebens mit wertbezogenen moralisch-praktischen Vollzügen» (vgl. in diesem Band S. 88), und es ist meines Erachtens positiv hervorzuheben, dass Schmitt hier ein «Vermittlungsproblem» sieht und nicht eine einfache Ableitungsaufgabe. Es kann für ihn nicht darum gehen, aus dem Glauben eine Moraldoktrin abzuleiten und diese dann als fixen Massstab an alle Entscheidungssituationen des menschlichen Lebens anzulegen. Anschaulich erinnert er an die Moralzentriertheit, die der katholische Glaube im 19. und frühen 20. Jahrhundert angenommen hatte, an dessen schüchterne Aufweichungen, das Entsetzen, das die Enzyklika «Humanae vitae» weithin auch und gerade unter Moraltheologen auslöste, und die grossen Verdienste von Alfons Auers Konzept eines christlichen Sinnhorizonts. Treffend scheint mir sein Hinweis, dass auch Auer noch auf dem Hintergrund eines stabilen konfessionellen Milieus argumentieren konnte und sich die Bedingungen in dieser Hinsicht heute radikal gewandelt haben. Religionen könnten heute «nicht mehr mit einer systemisch gestützten Etablierung ihrer Deutungen, auch nicht mit dem Erfolg einer nur einseitigen Übereignung bereits fertiger Sinngehalte rechnen» (vgl. in diesem Band S. 92). Das entspricht genau meiner Wahrnehmung. Ich freue mich deshalb sehr, dass Schmitt meine Arbeit an dieser Stelle historisch einordnet und fruchtbar findet. Er erkennt auch, dass ich dem Begriff der Selbsttranszendenz eben deshalb eine zentrale Rolle zuschreibe, weil er nicht von vornherein eine Grenze zwischen Religiösen und Nicht-Religiösen zieht. Wenn mir immer wieder angesonnen wird, schon bei der Deskription menschlicher Erfahrungen religiöse und nicht-religiöse Erfahrungen zu unterscheiden, wird verkannt, dass ich gerade die Vorstellung bestreite, der Glaube

moralischen Universalismus bemühe.

15 Vgl. Paul Ricœur, *Zeit und Erzählung*. Bd. VI, München 1991, 313 ff.

ginge auf Erfahrungen zurück, die vielen Menschen heute schlicht unzugänglich seien. Ich bestreite dies in meinen Arbeiten empirisch, aber halte das Argument auch für eine wichtige Voraussetzung, um den Dialog zwischen Gläubigen und Nicht-Gläubigen überhaupt als gleichberechtigten in Gang zu setzen. Ebenso klar sieht Schmitt, dass mein Begriff der Option (und entsprechend die These von einer gewachsenen Optionalität des Glaubens) nicht mit dem Begriff der Wahl (und der Vorstellung einer beliebigen Wählbarkeit oder Austauschbarkeit) verwechselt werden darf. Auch zwei seiner drei Rückfragen empfinde ich als weiterführend. Lediglich die Frage nach christlichem Exklusivismus scheint mir auf einem Missverständnis zu beruhen. Wenn ich die Schwächung des Christentums in meinem Buch auch deshalb als beunruhigend bezeichne, weil diese «einen Pfeiler des moralischen und rechtlichen Universalismus schwächt»,[16] dann ist doch deutlich, dass ich von *einem* und nicht von *dem* Pfeiler gesprochen habe. Das Christentum wird hier im Gegensatz zu allem Exklusivismus gerade neben die anderen universalistischen Achsenzeitreligionen und neben säkulare moralische Universalismen gestellt, die alle zur Stärkung dienen können und müssen.

Völlig richtig ist es dagegen, wenn Schmitt in seiner ersten Rückfrage darauf hinweist, dass Religionen nicht nur die Artikulation von Erfahrungen der Selbsttranszendenz ermöglichen, sondern auch selbst sich auf diesem Wege transformieren. Deshalb genau ändert sich, wie jeder Blick in die Geschichte christlicher sakraler Kunst sofort zeigt, die Symbolsprache des Glaubens in Abhängigkeit vom historischen Wandel der menschlichen Erfahrungen insgesamt. Schmitt nennt hier auch noch weitergehend das Wechselspiel zwischen der historischen Entwicklung der Moral und der Religionsentwicklung. Ich darf erwähnen, dass schon William James in seinem klassischen Werk «The Varieties of Religious Experience» von 1902 deutlich gemacht hat, wie sehr sich unser Gottesbild unter dem Druck von Einsichten in natürliche und soziale Prozesse wandelt:

> «Today a deity who should require bleeding sacrifices to placate him would be too sanguinary to be taken seriously. Even if powerful historical credentials were put forward in his favor, we would not look at them.»[17]

Aber die blosse Beschreibung solcher Wechselwirkungsprozesse liefert natürlich noch kein Kriterium dafür, welche Wandlung religiöser Symbolisierungen oder Gottesbilder normativ akzeptabel ist. Allerdings bestreite ich auch, dass es einen jenseits der Geschichte liegenden archimedischen Punkt zur normativen Beurteilung von Geschichte gibt. Für eine dem historischen Charakter unserer

16 Joas, *Glaube* (wie Anm. 8) 65.

17 William James, *The Varieties of Religious Experience* [1902], New York 1982, 328 und das ganze Kapitel «The Value of Saintliness», a. a. O., 326–378.

Werte und ihrem Wechselspiel mit rational rechtfertigbaren Normen angemessene Konzeption habe ich im Anschluss an Ernst Troeltsch den Vorschlag einer «affirmativen Genealogie» des moralischen Universalismus entwickelt, auf den ich hier nur verweisen, den ich an dieser Stelle aber nicht wiederholen kann.[18] In ihm steckt die genauere Antwort auf diese Rückfrage Schmitts.

Skeptisch fällt meine Antwort auf die dritte Rückfrage aus. Empathie kann sich nach meiner Einschätzung nur dann als Quelle von Wertbewusstsein erweisen, wenn die von ihr ermöglichten Erfahrungen nicht durch mitgeführte desensibilisierende oder gar dehumanisierende Deutungen stillgestellt werden. Wir müssen nicht nur empathiefähig sein, sondern durch substanzielle Werte wie das christliche Liebesethos angehalten werden, dieser Fähigkeit auch Raum zu geben und uns von unseren Erfahrungen mit fremdem Leid erschüttern zu lassen. Werte sind nötig, weil die natürliche Empathie Grenzen hat und instabil ist. In seinem gnadentheologischen Schluss plädiert Schmitt ganz in meinem Sinn dafür, die Zuwendung Gottes zu uns Menschen als bedingungslos zu denken und sie nicht «imperativisch umzumünzen» (vgl. in diesem Band S. 98).

Ich hoffe, mit diesen Ausführungen die vielfältige Herausforderung, die in den Beiträgen dieses Bandes steckt, ehrlich angenommen zu haben. Mein Dank gilt den Beiträgern und noch einmal der Herausgeberin für ihre Mühen und die vielfältigen Denkanstösse, die in meiner zukünftigen Arbeit fruchtbar zu werden versprechen.

18 Hans Joas, *Weder Kant noch Nietzsche.* Was ist affirmative Genealogie?, in: ders., *Die Sakralität der Person.* Eine neue Genealogie der Menschenrechte, Berlin 2011, 147–203.

Autorinnen und Autoren

Christoph Ammann, Dr. theol., geb. 1972, ist Oberassistent und stellvertretender Leiter des Instituts für Sozialethik am Ethik-Zentrum der Universität Zürich.

Josef Annen, Dr. theol., geb. 1945, ist Generalvikar des Bistums Chur für die Kantone Zürich und Glarus.

Eva Baumann-Neuhaus, Dr. sc. rel., geb. 1964, ist Religionswissenschaftlerin und Projektleiterin am Schweizerischen Pastoralsoziologischen Institut in St. Gallen.

Susanne Brauer, PhD, geb. 1973, ist Studienleiterin für den Bereich Bioethik, Medizin und Life Sciences an der Paulus-Akademie Zürich.

Hans Joas, Prof. Dr. Dr. h.c., geb. 1948, ist Ernst-Troeltsch-Honorarprofessor für Religionssoziologie an der Theologischen Fakultät der Humboldt-Universität zu Berlin und Professor für Soziologie und Social Thought an der University of Chicago.

Antonius Liedhegener, Prof. Dr. phil., geb. 1963, ist Professor für Politik und Religion am Zentrum für Religion, Wirtschaft und Politik (ZRWP) an der Kultur- und Sozialwissenschaftlichen Fakultät der Universität Luzern.

Georg Pfleiderer, Prof. Dr. theol., geb. 1960, ist Professor für Systematische Theologie/Ethik an der Universität Basel.

Hanspeter Schmitt, Prof. Dr. theol., geb. 1959, ist Professor für Theologische Ethik an der Theologischen Hochschule Chur.

Esther Straub, Dr. theol., geb. 1970, ist Pfarrerin in Zürich-Saatlen und -Schwamendingen und Vizedekanin in der Stadt Zürich sowie Gemeinderätin der Stadt Zürich.